商业新闻出版公司和轻松读文化事业有限公司提供内容支持

翻翻创业怪杰的脸书

轻松读大师项目部 编

中国言文出版社

图书在版编目（CIP）数据

翻翻创业怪杰的脸书：大字版/轻松读大师项目部编．—北京：中国盲文出版社，2017．7

ISBN 978－7－5002－7943－3

Ⅰ．①翻…　Ⅱ．①轻…　Ⅲ．①企业家—生平事迹—世界　Ⅳ．①K815．38

中国版本图书馆 CIP 数据核字（2017）第 131847 号

本书由轻松读文化事业有限公司授权出版

翻翻创业怪杰的脸书

编　　者：轻松读大师项目部
出版发行：中国盲文出版社
社　　址：北京市西城区太平街甲 6 号
邮政编码：100050
印　　刷：北京汇林印务有限公司
经　　销：新华书店
开　　本：787×1092　1/16
字　　数：90 千字
印　　张：15
版　　次：2017 年 7 月第 1 版　2017 年 7 月第 1 次印刷
书　　号：ISBN 978－7－5002－7943－3/K·566
定　　价：48.00 元
销售热线：（010）83190289　83190292　83190297

出版前言

数字文明为我们求知问道、拓展格局带来空前便利，同时也使我们深受信息过剩、知识爆炸的困扰。面对海量信息，闭目塞听、望洋兴叹固非良策，不分主次、照单全收更无可能。时代快速变化，竞争不断升级，要想克服本领恐慌，防止无知而盲、少知而迷，需尽可能将主流社会的最新智力成果内化于心、外化于行，如此才能更好地顺应时代，提高成功概率。为使读者精准快速地把握分散在万千书卷中的新理念、新策略、新创意、新方法，我们组织编写了这套《好书精读丛书》。

这套书旨在帮助读者提高阅读质量和效率。我们依托海内外相关知识服务机构十多年的持续积累，博观约取，从经济管理、创业创新、投资理财、营销创意、人际沟通、名企分析等方面选取数百种与时俱进又经世致用的好书分类整合，凝练出版。它们或传播现代经管新知，或讲授实用营销技巧，或聚焦创新创业，或分析成功者要素组合，真知云集，灼见荟萃。期待这些凝聚着当代经济社会管理创新创意亮点的好书，能为提升您的学识见解和能力建设提供优质有效便捷的阅读资源。

聚焦对最新知识的深度加工和闪光点提炼是这套书的突出特点。每本书集中解读4种主题相关的代表性好书，以“要点整理”“5分钟摘要”“主题看板”“关键词解读”“轻松读大师”等栏目精炼呈现各书核心观点，崇真尚实，化繁为简，您可利用各种碎片化时间在赏心悦目中取其精髓。常读常新，明辨笃行，您一定会悟得更深更透，做得更好更快。

好书不厌百回读，熟读深思子自知。作为精准知识服务的一次尝试，我们期待能帮您开启高效率的阅读。让我们一起成长和超越！

目 录

Facebook为人们的社交方式带来革命性改变，这样的改变是否如表面一样光鲜耀眼？文中戏剧性地呈现了全球最大社交网站Facebook的惊人崛起，以及Facebook现象的来龙去脉，这其中有创意碰撞的火花，有观念相左的冲突，也有利益分歧的不快。每项丰功伟业的建立，都伴随着波折坎坷，同时也相跟着峰回路转。有太多创业家都是毁誉参半，为了新事业的发展而招致非议，这不失为对创业家的修炼。

举世闻名的惠普车库，是电子时代的诞生地，现代经济变革的发源地，更是伟大的社会变革和企业家精神的公认标识。文中讲述了一个完整的惠普故事：我们这个时代最具影响力的一些产品是如何发明的？一种创新文化如何引领公司走过几十载风雨历程，取得无与伦比的成就？这里展现的不仅仅是惠普公司的创业史，更是硅谷时代精神的行业史。惠普之道是永不落伍的经营理念，正是它创造了最有竞争力、最具灵活性的公司——当之无愧的世界最伟大企业。

从儿时旧物拍卖到大学经营比萨生意，从“网络链接交换”公司到“捷步”品牌，文中讲述“网络鞋王”的成就之路，将企业家个人生活的经历与公司传奇完美结合，让心路历程与创业思维交相辉映，不仅打造了一个利润、激情和目标渐次递进的独特商业模式，更揭示了成功路上起决定作用的真正秘密：做出赞叹，送达赞叹。

当购买股票的时候，你无法保证会做到万无一失，甚至对巴菲特这样一位当代最杰出的投资者来说，也是如此。要想投资成功，与其尝试破解巴菲特所用的某种独门技巧，不如学会辨明在什么样的情况下“巴菲特策略”管用，在什么情况下又会失灵。没有任何一套公式化的投资方法能够一体适用，最重要的是，要用有事实根据的真相，取代原本对巴菲特的各种印象，光是这样，就足以让成功机会大增了。

Facebook 的背后一面

The Accidental Billionaires

The Founding of Facebook

原著作者简介

本·麦兹里奇（Ben Mezrich），毕业于哈佛大学，现为Boston Common杂志和Flush杂志的专栏作家，有10本著作，包括畅销书《打败庄家》《非法手段》《丑陋的美国人》等。

本文编译：王约

主要内容

主题看板

脸书的前生今世

脸书（Facebook）一词其实早就流行于美国各校园之间，最初就是印有学校社区所有成员的纸质“花名册”，名册上列有学生的姓名、照片、主修科系、居住地、兴趣和其他简单的个人介绍。美国的大学通常会把这些花名册发放给新入学的学生或新入职的教职员工，帮助大家认识学校内的其他成员。而马克·扎克伯格创办的TheFacebook 社交网站，正是模仿学校传统的花名册而设立的。扎克伯格在 2000 年至 2002 年就读于菲利普斯埃克塞特学院时，跟其他同学一样，都收到了学校发放的同学名册。这本同学名册的名字叫做“The Photo Address Book”，因为名称太长，学生们则将它简称为“TheFacebook”。

不断延伸。此外，它也是许多企业的营销利器，除了建立公司页面发布信息，也有许多公司通过 Facebook 的相关应用程序来深化品牌印象，以不同的互动模式拉近与消费者的距离，让当红的社交网站成为广告营销新战场。例如咖啡业者 Coffee Groundz 在 Facebook 和 Twitter 上都建立了门市账号，消费者不但可利用这些平台订购产品，而且社交平台公告的店内活动汇聚的人气是传统营销手法的 3 倍。为了拓展新客户，倾听最直接、最真实的声音，奢侈品牌 LV 与 Burberry 也搭上社交网站的风潮，让以往只需面对时尚媒体和 VIP 的奢侈品业，如今也要面对广大网友，借助网络力量深入消费者的生活。

一　牛刀小试

Facebook 是由爱德华多·萨维林和马克·扎克伯格共同创办的，两人于 2003 年 10 月尚在哈佛大学就学时，即结为莫逆之交。

2003 年秋天，扎克伯格在哈佛念大二。他来自纽约，主修电脑科学，父亲是牙医，母亲是精神科医师。他在高中时设计了一套名为“突触”的软件，这是一种 MP3 播放器的外挂插件，可以让播放器记住使用者的喜好，然后为他们生成量身打造的资讯。扎克伯格将“突触”挂到网络上供人免费下载，吸引了许多大企业上门，纷纷开价要买下这个插件。据说微软曾开价 200 万美元邀请扎克伯格加入，可是竟然被他回绝了。

相对而言，萨维林对电脑根本一窍不通，他

主修经济学。萨维林拥有经商头脑，他和哥哥曾在暑假期间利用从气象学发展出来的投资策略投资原油期货，并赚进 30 万美元。萨维林来自犹太家庭，他的家人在犹太大屠杀中幸免于难，先是逃到巴西，之后又被迫迁到美国佛罗里达州，萨维林的父亲在那里以经营银行发迹。

扎克伯格与萨维林这两个年轻人均因为特立独行而未进入哈佛大学主流的学生社团。后来，萨维林经过努力争取，进入了哈佛 8 大社团之一的“凤凰社”，该校独有的校友人脉网络就是由这 8 大社团组成。如果你是 8 大社团的成员，除了有机会接触到未来的亿万富翁、举足轻重的政客甚至总统之外，周末还可以参加学校里最棒的、满是辣妹的派对。

2003 年 10 月的一个晚上，扎克伯格与萨维林跟刚认识的两个女生出去约会。扎克伯格约会不顺、空手而归，回到宿舍后他打开电脑上网。他开始浏览线上的住宿生名册，也就是所有跟他住同一栋宿舍楼的学生相片资料库。扎克伯格还发电子邮件给他的朋友，有朋友建议他设计一套让大家比较名册上学生相片的办法，列出谁颜值高、谁长相差。另一个朋友也开玩笑建议说，你可以拿名册中的照片跟农场动物做比较，这个点子正符合扎克伯格的幽默感和当时的心情——他觉得自己总是被异性拒绝。

到了晚上 11 点，扎克伯格发现，要让这个"辣不辣"的概念成功，光是自己宿舍网络资料库中的照片是不够的。解决办法很简单，他"黑进"哈佛大学的服务器，取得校内所有住宿生的照片。到了隔日凌晨 4 点，扎克伯格已经从哈佛宿舍的网络资料库上，下载了数千张照片到他的笔记本电脑上。扎克伯格甚至想好了这个计划的网域名称：Facemash. com。

关键思维

或许哈佛会基于纪律和法律因素把这个网站

给关闭，却不了解这个网站的潜在价值，它有可能打开校门、延伸到其他学校（甚至是任何有帅哥美女的地方）。有一件事是确定的，就是我做出这个网站实在很浑蛋，然而迟早会有人做。我们是因为长相才被录取的吗？不是。但是我们会不会被人品头论足？会啊。

——马克·扎克伯格

大约 72 小时过后，扎克伯格让 Facemash. com 开始运作。通过这个简洁的网站，使用者可以比较两张女大学生的照片，票选谁比较辣，然后用数学计算方式推算出校内最辣的女生是谁。他给好友发了几封电子邮件，询问他们的看法，然后就去上课了。当他在几个小时之后回到宿舍时，发现 Facemash. com 已经迅速掀起旋风，在 2 小时内就已经涌进 2. 2 万人次投票校内最辣的女生。

二　柳暗花明

只短暂存活了一个下午时间的 Facemash. com，却掀起了极大的波澜：

◎几乎校内每个女性团体都站出来抨击这个网站，严肃地表达她们的不满。

◎学校的电脑科学系也对此大加讨伐，因为 Facemash. com 占去了全校的宽带。

◎取得他人的照片并如此滥用的合法性受到质疑。

◎校报《红色哈佛报》深入报道了 Facemash. com 和开设网站的扎克伯格。

◎许多照片被放上 Facemash. com 的女生写电子邮件、信件向扎克伯格抱怨和表达抗议，有时还会派出她们的男友助阵。

因此，扎克伯格后来被哈佛的学务会议，也

就是该校的学生纪律委员会召见，一点都不让人意外。学务会议是由 3 名学院院长和 2 位电脑安全专家牵头。扎克伯格很快就认错，并为自己造成的风波道歉。为了打圆场，扎克伯格还指出，他的行为暴露出哈佛的电脑系统有严重的安全漏洞。他甚至自告奋勇要帮各个宿舍修正其电脑系统中的漏洞，以示悔改。他还表示，当他发现状况迅速扩大时，就立刻关闭了网站，他真的没有恶意。扎克伯格认为，这应该算是软件测试失控所致。

也许是因为扎克伯格的明显不善社交，院长们决定不开除他，也不勒令停课，而是将他留校察看，并警告他在未来 2 年间不得再惹祸生事，否则会再做处分。扎克伯格并不确定那听来不祥的“再做处分”到底是什么意思，可是他至少可以从 Facemash 事件中全身而退，不会危及学业。至于他在学生之间的名声又完全是另一回事。扎克伯格认为，如果他从前已经很难约到女生跟他出去，现在就更难了。

关键思维

大家再一次见识了扎克伯格的大名，这都要归功于《红色哈佛报》的报道。该报甚至在第一篇有关 Facemash 事件的报道之后，又发表了一篇评论文章，来分析 Facemash 受欢迎的程度，以及该网站的点击率显示出线上照片分享社群确有其必要——只不过不应该是这种负面倾向的网站罢了。扎克伯格确实搅动了一池春水，真不简单，难道不是吗？

——本·麦兹里奇

在 Facemash 事件发生后不久，扎克伯格收到一封由几个哈佛学生写来的电子邮件，邀请他参与他们所进行的其中一项计划，他们是哈佛的大四生泰勒与卡梅隆·文克莱沃斯双胞胎兄弟，以及迪夫亚·纳伦德拉。文氏兄弟在校内几乎无人不知、无人不晓。一方面是因为他们是身高1.95米的金发运动健将；另一方面则是因为他们都是哈佛赛艇队的成员，有进军奥运会的实力。很多人对他们过目不忘、大感惊讶的另一原因往往就是，这对双胞胎长得实在太像了，简直就是彼此的翻版。

文氏兄弟的好友纳伦德拉在哈佛就没有那么出名，他算是文氏兄弟的事业伙伴。他们三个人都是“坡斯廉社”的成员，该社团是哈佛8大社团之中最为神秘的一个。坡斯廉社的成员最为人称道的，就是毕业后都能在商场上有相当大的成就。文氏兄弟和纳伦德拉打算推出一个名为“哈佛人际网”的事业计划，他们已经为此筹划了两年。

哈佛人际网的目标是要将哈佛社交生活网络化，让男女学生的联谊和交往更容易。这会是一个线上的聚会场所，哈佛学生可以在这里认识他人、分享资讯与结交朋友。唯一的问题是，文氏兄弟和纳伦德拉都不具备必要的电脑技能，无法建立起这个网站。

当扎克伯格因为 Facemash 声名大噪后，文氏兄弟和纳伦德拉决定要让扎克伯格入伙，邀请他参与哈佛人际网的计划。他们寄了一封电子邮件给扎克伯格：

“嗨，马克，我从朋友那儿拿到你的电子邮件。事情是这样的，我和我的团队在找网站设计师，要会 PHP、SQL，最好还会 Java。我们目前正拼全力在建设一个网站，希望你可以献力献策，我们有把握这个网站会在学校一炮而红。请打我手机或回信，让我知道你何时有空可以通个电话聊聊，并且跟我们目前的开发者见个面。加入这个项目应该会收获不少的经验，如果你有创业家性格的话更是如此。回复之后，我们会让你了解进一步的细节。谢啦!”

扎克伯格回信说：

“聊聊没问题啊，可是我还得先处理

Facemash 的余波。明天可以吗？我很有兴趣听听你们的计划。”

文氏兄弟在隔天（2003 年 11 月 25 日）和扎克伯格见了面，他们热烈讨论了哈佛人际网。扎克伯格一下子就了解了这个构想，并表现出对这个计划的高度兴趣，他认为大概只要 10 到 15 个小时就可以把网站搞定。文氏兄弟对扎克伯格提出一个他们觉得很棒的诱因：如果网站受到欢迎，我们可以赚到一笔钱，可是除了金钱之外，这对我们所有人来说都是非常酷的事。我们要让你成为这个网站的主角。这会让你重登《红色哈佛报》，但这一回，报纸会把你捧上天，而不是大加讨伐。

三　星星之火

在结束 2003 年寒假回到学校时，扎克伯格和萨维林对他们将要建立的网站满怀热忱和信心。这个新网站是 Facemash 实验的延伸版，是个独一无二的社交网站。在网站上可以放上个人的基本资料，上传任何自己想公开的照片。使用者还可以说明自己的兴趣，以及想在网络上寻找的关系，例如友谊、喜欢的对象等。扎克伯格也提议应该要让使用者可以邀请自己的朋友加入。他说："我们要让网站名字尽量简洁，就叫它 TheFacebook。"

从许多方面来说，扎克伯格的灵感主要源自当时已经推出的 Friendster 网站，并将其构想与功能进一步延伸，让用户可以把整个社交网移到网络上。TheFaccbook 结合了 Facemash 最棒的功能以及 Friendster 已经提供的服务。它还具备一些 Course Match 的元素，那是扎克伯格之前做的，可以让学生看到其他学生修了哪些课程的程序。他的搭档萨维林立刻就爱上了这个点子。

萨维林心想，扎克伯格是什么时候想到这个点子的？是放假回到纽约多布斯费里家中时？是他一个人坐在宿舍，盯着电脑看的时候？还是在课堂上？萨维林唯一确定的就是，扎克伯格不是在跟文氏兄弟见面时“碰撞”出这个点子的——扎克伯格曾经详细描述过他跟文氏兄弟的那次聚餐，还有文氏兄弟想象中的扎克伯格要替他们建设的网站。

照扎克伯格的说法，那充其量就是个约会网站，一个让小伙儿们“把妹”的网络渠道，算是 Match. com 的升级版交友网站。就萨维林所知，扎克伯格并未真正替文氏兄弟做任何事，他看过对方的网站，经过仔细思考，他判断这个网站不值得他花时间去做。其实，扎克伯格甚至嘲笑这个网站，还说就连自己最没人缘的朋友，都比纳伦德拉和文氏兄弟更懂得如何让大家对一个网站产生兴趣。

扎克伯格跟萨维林借了一些创业基金去租服务器并开设网站。萨维林同意提供 1000 美元作为创业启动资金，两人还说好公司股份要三七分，扎克伯格占股 70％，他们甚至踌躇满志地谈到要让萨维林担任首任首席财务官。

萨维林点头答应，这听起来很公道，毕竟点子是扎克伯格想出来的。萨维林出资，并负责运营。这个网站可能无法让他们赚到半毛钱，但是萨维林觉得这个点子棒到不容错过。当时，全校的年轻人都在尝试网站建设，萨维林自己就认识一票想要从自己宿舍中推出网络事业的学生。其中有很多都像文氏兄弟的网站一样有社交的性质，但是萨维林所听到的所有点子中，没有一个像扎克伯格的那么酷。TheFacebook 拥有一切成功网站必备的元素——构想简单、功能迷人，又有独特感。

虽然扎克伯格已经开始认真建立自己的网站，但不知为什么，文氏兄弟和纳伦德拉却一直以为他还在热衷于他们的网站，而且正努力在做。他与对方往来超过 50 封电子邮件，至少通了 6 次电话。几个礼拜过去了，文氏兄弟开始焦虑起来，因为他们没有看到任何进展。扎克伯格终于在 1 月中旬和对方见了面，他谈到了服务器以及客户端的一些问题。文氏兄弟认为他有点精疲力尽，决定如果扎克伯格到下个月还不能振作起来，就要另外找新的程序设计师。

当然，他们其实有所不知，扎克伯格正埋首做自己的项目 TheFacebook。他已经在 2004 年 1 月 12 日注册了网域名称，还用一个月 85 美元的价格租好了虚拟主机。到了 2004 年 2 月初，扎克伯格为了完成 TheFacebook 的程序已经翘了很多门课，他的付出也小有所成，他为网站设计了一个简洁的首页画面，清楚介绍了这个网站：

欢迎光临 TheFacebook.com

TheFacebook 是一个线上名录，让大家可以通过各个学院的社交网络进行联系。我们创办 TheFacebook 是为了响应哈佛学子的广泛需求。

你可以利用 TheFacebook：

- 搜寻你院系的人
- 知道你班上有哪些同学
- 让你的社交网络可视化

要开始使用，请按注册键。

如果你已注册，请直接登录。

要在这个网站注册，必须要有哈佛大学的电子邮件账号，之后就可以建立个人基本资料页面，放上相片与简介，包括哪一年入学、主修专业、所属社团、来自哪里、最喜欢的名言，以及朋友名单、感情状态等各种你希望列出的重要个人“标签”。

扎克伯格在 TheFacebook. com 每个网页底下，都加上这么一行：“扎克伯格出品”。萨维林对此完全没意见，因为这个网站毕竟是扎克伯格挑灯夜战建立起来的。就这样，TheFacebook. com 在 2004 年 2 月 4 日问世，萨维林发电子邮件给他所属的“凤凰社”的成员，宣布网站正式开站，邀请大家来注册。

四　一波三折

TheFacebook. com 在开通后的 4 天内就有超过 900 名哈佛学生注册，在 2 周内，已经有 5000 人成为会员，几乎占到哈佛大学本科学生的 85%。不仅如此，TheFacebook 正逐渐成为每个人日常生活不可或缺的一部分。

关键思维

一起床，你就会去登录你的 TheFacebook 账号，看看谁邀请你成为他的朋友，以及你所邀请的人当中有谁接受或拒绝，然后你再开始一天的生活。如果在课堂上看到某个女生，或者甚至是你在餐厅遇到某个人，等你回到家，只要上 TheFacebook 搜寻，就可以邀请对方成为你的朋友。这实在是个很棒的工具，让交友更顺利，让一切进展得更快。可是，这并不是个约会网站——萨维林认为 Friendster 才是个约会网站。Friendster，还有当时热潮才刚开始蔓延全美的 MySpace，尽管都打着社交网站的旗号，但充其量不过是在不认识的人当中寻找，看看能不能钓上几个。上 TheFacebook 的不同之处在于，这些是你已经认识的人，然后你邀请对方成为你的朋友。你可能跟对方不是很熟，可是你知道对方。大家都是同学，或者是朋友的朋友、想加入的社交圈中的成员，或是那些已经是你朋友的人来邀请你加入。

——马克·扎克伯格

事实证明，注册 TheFacebook 的人会深深上瘾，他们会一来再来，而这对萨维林来说无疑是好事，因为那种黏着性正好会让广告商愿意花钱。不可否认，TheFacebook.com 一开始是个昂贵的玩意儿，但萨维林很有信心，它最终会带来某种获利机会。

当然，这一切都是未知数。眼前已知的，是康涅狄格州的一家律师事务所寄来的电子邮件，上面说道：

扎克伯格：

我们（泰勒、纳伦德拉，还有我）发现你开设了一个名为 TheFacebook. com 的网站。我们双方在此网站开通之前曾经达成协议，你承诺要帮我们发展我们拥有所有权的网站（哈佛人际网），并且要按时完成。在过去 3 个月当中，你拖延了我们网站的建设事宜，却设立了你自己的网站，造成对我们的不公平竞争，而且未曾知会我们或征求我们的同意。你还不当使用我们的心血结晶，包括我们的创意、想法、概念、观念与研究成果。对此，我们提出如下要求：

即刻停止所有 TheFacebook. com 进一步的扩充与升级；

以书面方式通知我们你已履行要求；

以书面方式表明你不会对第三方透露我们的心血结晶、我们的协议，还有这项要求。

这些要求最迟必须在 2004 年 2 月 11 日下午 5 点之前予以答复。

若我们的要求未得到满足，我方将考虑立即采取法律行动与道德谴责。如有任何疑问，欢迎以电子邮件回复或会面商议。

——卡梅隆·文克莱沃斯

扎克伯格漫不经心地跟萨维林说，这封信是他在 TheFacebook.com 开站 1 星期后收到的。很自然，萨维林非常恐慌，因为这是头一个要求他们停止运营的存证信函，他很担心对方有把网站关掉的意图。

对方能这么做吗？当然，扎克伯格跟人家见了面、通了电子邮件，他的言行误导了对方。可是他与对方并未签署任何合约，也没有写出任何程序。对萨维林而言，TheFacebook 是那么的不同。没错，它是个社交网站，可是社交网站何其多，没有几百个也有几十个。学校里每个主修电脑科学的学生都在开发社交网站，大家的构想都很相似，难道这就代表每个人都可以互相控告吗？

扎克伯格在萨维林得知文氏兄弟的控告之前就已经想好对策。他跟一个法学院四年级的朋友谈过，并给卡梅隆·文克莱沃斯回了一封信：“我原本的确被你们的计划吸引到，而你们也要求我要完成网站的连接部分。我在那次会面之后开始建立 TheFacebook，但完全没有用到跟哈佛人际网一样的程序或功能。TheFacebook 是个完全独立的事业，并没有援用我们会面时讨论到的任何构想。在我的认知之中，这个计划的初衷是个非商业导向的事业，其原始目的是要开发出有助于哈佛社团发展的有趣产品。长期下来，我发现我对网站的概念已经与最初的规划有所不同。当我们在元月见面时，我表达了我对哈佛人际网的疑虑（图像的重要程度、我预期之外所要写的程序还有多少、我们必须处理硬件不足的问题以及缺乏推广活动来成功推出这个网站等)。我告诉过你我手上有其他计划，而且那些计划都优先于完成你的网站。”

既然觉得文氏兄弟的问题已经解决了，于是萨维林和扎克伯格坐下来开始思考如何让TheFacebook持续成长。他们决定要招揽扎克伯格在哈佛的室友加入这个刚起步的公司。于是由克里斯·休斯担任公关总监，主修经济的电脑天才达斯汀·莫斯科维茨协助编写电脑程序，而萨维林仍旧掌管公司的运营，并挂名首席财务官。至于扎克伯格，用他自己的话来说，他是“创办人、大师、指挥官和全民公敌”。

为了配合新的管理结构，公司股权也重新调整，扎克伯格从70%减为65%，萨维林保持30%，莫斯科维茨获得5%，而休斯则视工作表现，在未来可以分得一定比例的股权。

有了更多人帮忙，扎克伯格和萨维林也讨论到要开放其他学校的学生注册 TheFacebook。他们决定先锁定其他精英学校，先从耶鲁、哥伦比亚和斯坦福大学开始。显然，TheFacebook 必须保持成长才能持续受到欢迎，而新扩充的管理团队必须准备好做到这点。

正当 TheFacebook 准备大展身手之时，“半路杀出个程咬金”。扎克伯格和萨维林曾很天真地认定文氏兄弟的问题已经解决，其实文氏兄弟并没有罢休，他们去见了哈佛大学校长劳伦斯·萨默斯，控诉扎克伯格违反了学生荣誉规章，剽窃了他们的构想并架设了 TheFacebook。但是此举并不成功，萨默斯校长跟他们说，他根本不认为这是学校该处理的问题。他还告诉文氏兄弟，学校无法处理这类学生间的纷争，他们应该找扎克伯格解决，要不就另寻其他方式，依循法律途径解决。

关键思维

那真是令人非常气馁，哈佛校长告诉他们一切都要靠他们自己。校方不想跟这件事扯上关系。TheFacebook 是个广受欢迎的校园奇迹。扎克伯格大出风头，他的网站每天都在进步，基本上校长也在有意无意为他的成功背书。但对泰勒·文克莱沃斯而言却非如此（不论他的看法是对还是错）：扎克伯格那个臭小子剽窃了他的构想还据为己有，如果哈佛坐视不管，那么扎克伯格就可以“侥幸成功”。

——本·麦兹里奇

五　蓄势待发

TheFacebook 的成长非常令人振奋，在开站 8 周之内，仅哈佛、斯坦福、哥伦比亚和耶鲁大学就有 5 万名学生注册。更为惊人的是，大多数玩过 TheFacebook 的人，都会割舍不下而一再地回访。

数据显示，67％的注册会员每天都会回到网站上看看状况。这样的数字是广告商梦寐以求的，因此萨维林在纽约安排了一连串与潜在广告商的协商会议，向他们推销在 TheFacebook 刊登广告的构想。然而，要扎克伯格一同出席这些会议却变得有点像灾难，因为他拒绝穿着正式服装，只穿着连帽运动衣、夹脚拖鞋；在跟广告商面对面开会的过程中，要不就是呼呼大睡，要不就是呆坐着一句话也不说。这些会议并没有给 TheFacebook 带来多大利益空间，一方面是因为会议的互动情况不佳，另一方面也因为大多数潜在广告商无法体会以大学生为诉求的社交网站有多大吸引力。

不过他们在纽约时，和肖恩·帕克有过一面之缘。帕克先前看到过一些斯坦福的学生在使用 TheFacebook，因此在几周前就跟他们联络上了。帕克是硅谷知名的大人物，因为他和肖恩·范宁共同创办了音乐交换下载网站 Napster，在各大唱片公司想尽办法让 Napster 关站之前，它是一个非常令人瞩目的文件共享程序实验。后来帕克和另外几位朋友组成了另一家公司 Plaxo，开发一种会自动更新的网络名片管理系统。

Plaxo 的运营非常顺利，不过帕克却被他当初引进的创投业者，也就是红杉资本的迈克尔·莫里茨排挤退出。因此，帕克正在寻找可以合作的明日之星，因此要求与 TheFacebook

的两位创办人见面谈谈。

帕克口袋不深，因为他几乎没有从 Napster 赚到钱，而他靠 Plaxo 赚得的财富也还绑在公司持股之中，可是他的确很有个人魅力。帕克尤其和扎克伯格趣味相投，因为他们俩骨子里都是电脑狂。大多数黑客将 Napster 视为终极战场——即使各路黑客在这一回合输了，他们仍被视为史上最厉害的黑客，因此扎克伯格非常希望能跟帕克合作。萨维林则是对这样的合作关系能否有助于 TheFacebook 的成长，抱持较为怀疑的态度。

当帕克终于说完自己的故事之后，他问了扎克伯格和萨维林 TheFacebook 目前的进展。萨维林开始说明目前他们已经进入了 29 所学校，不过帕克立刻转过头去，问扎克伯格他们要采取什么策略来争取不同学校加入。萨维林坐在那儿，有点被这样的公然漠视激怒，硬着头皮听扎克伯格夸张地举例说明他们的策略。

他讲的是贝勒大学的例子，那是一所德州的小型大学，一开始拒绝采用 TheFacebook，因为该校自己有社交网站。因此，他们没有直捣贝勒大学，而是列出该校方圆百里内的各学校，先把 TheFacebook 投到那些学校去。很快，贝勒大学所有学生都看到自己的朋友在玩那个网站，而且很希望学校也有 TheFacebook。不消几天，贝勒大学的社交网站就走入历史了。帕克好像非常喜欢这个故事。

在初次见面之后，萨维林就把帕克说成是招摇撞骗的家伙，可是扎克伯格却爱死了帕克，几乎将他当成偶像。

TheFacebook 很快就用掉了当初 1000 美元的创业基金，而且很显然在不久的将来需要更多服务器，才足以支撑 TheFacebook 的成长。另外，扎克伯格和萨维林也认识到，他们必须雇用一些人来写程序。因此萨维林开了一个新的户头，存入 1 万美元。扎克伯格没有半毛钱，所以大家同意暂时就依靠萨维林的资金。

虽然拜会众多广告主并没有真正为 TheFacebook 带来进账，但是它的快速成长却引起帕克等众多业者的兴趣。创投业者和各大软件公司、网络公司的代表，开始在哈佛校园内追着扎克伯格和萨维林跑。有好几次，这些创投业者在扎克伯格和萨维林上课的课堂上坐了一整节课，只为了可以跟他们说上几分钟话。

关键思维

那些衣着正式的生意人来到柯克兰宿舍餐厅和图书馆堵人，甚至竟然有办法进入扎克伯格的宿舍，在房间外守候 3 小时，一直等到扎克伯格从电脑系开完会回来。广受瞩目是很棒，可是扎克伯格他们并没有得到真正的挹注资金，只有“未来可能会有资金”的些许暗示。其中有人抛出了 8 位数的价码，但是并未真正开价，而扎克伯格和萨维林也都没对这些人太过认真——就算两人有兴趣出售 TheFacebook，也有待将这件事提上日程。与此同时，TheFacebook 已经跨过 15 万名会员的门槛，而且每天都会增加好几千名新会员。照这样发展下去，萨维林相信这个网站绝对是金母鸡。

——本·麦兹里奇

六　运筹帷幄

到了学期末，扎克伯格和萨维林决定，他们最好以正式的公司形式、有组织地管理 TheFacebook 的成长。TheFacebook 愈来愈像是他们的本职工作，24 小时都有会员在使用这个网站，因此必须认真升级和持续维护。此外，还要为 TheFacebook 争取广告商以支付开销，并且开始进一步的获利。

萨维林和扎克伯格在 2004 年 4 月 13 日正式成立 TheFacebook 有限公司，并在萨维林的家乡佛罗里达州注册。公司所有权分配如下：扎克伯格占 65%，萨维林占 30%，莫斯科维茨占 5%，还有不定比例归休斯。

萨维林在暑假有个到纽约一家投资银行实习的机会。他之所以会去做这份差事，一方面是因为他父亲牵线，另一方面是因为这方便为 TheFacebook 找到纽约的广告投资商。而扎克伯格决定暑假要跟随莫斯科维茨到加州去，在硅谷经营 TheFacebook，他们认为硅谷是网络世界的中心。扎克伯格还想同时进行另一个名叫 Wirehog 的项目计划，这是有关文件分享和社交网站的混合体。只要建立起来并且顺利运作，扎克伯格和莫斯科维茨就能将 Wirehog 这项应用程序整合到 TheFacebook 之中。

萨维林身在东海岸苦苦争取广告商，而扎克伯格却在创投业者比比皆是的西海岸忙着与电脑程序打交道，这样的“绕道”安排让萨维林非常忧心，可是扎克伯格丝毫不以为意。那个暑假的目标是要将 TheFacebook 的势力范围扩大，从目前的 30 所学校扩充到 100 所学校以上，因此即使没有分出心力去开设 Wirehog，扎克伯格他们还是会忙得不可开交。即使满怀迟疑，萨维林还是同意扎克伯格的建议，自己在纽约经营公司，而扎克伯格和莫斯科维茨带着暑期雇用的几个实习生在加州设计程序。

关键思维

说不定他们可以在硅谷建立一些不错的人脉，可以保证萨维林好好经营，让网站的发展更上层楼。他们是一个团队，而萨维林会好好发挥团队精神。几天之后，他计划以公司名义在美国银行开户，拨出 1.8 万美元存入那个户头，然后让扎克伯格全权决定加州的开销。身为掌管公司运营的人，这么做似乎是应该的。而且不管怎么说，他们 3 个月之后就会重返学校，萨维林要升入大二，扎克伯格升入大三，一切将会恢复正常，说不定到时候他们都腰缠万贯了；也说不定他们的状况还跟现在一样，欣喜地看着公司日益成长。不论如何，他们都已经跟刚开始这段冒险时大不相同了，而且萨维林毫不怀疑未来会飞黄腾达。他抛开所有的忧虑，因为身为团队一分子就该这样，没有必要太紧张。他自问："说真的，短短几个月，能出什么大事?"

——本·麦兹里奇

七 快马加鞭

不知是机缘巧合还是命里安排，扎克伯格到加州后不久，又碰到了帕克。原来扎克伯格在帕洛阿尔托市所租的房子离帕克女友父母家只隔半条街。帕克的女友从斯坦福毕业了要搬回家，而当帕克正忙着帮女友把家具搬回她父母家时，扎克伯格碰巧路过。

这可真是天大的意外，帕克马上询问了TheFacebook 最新的进展。其实，因为帕克暂时没地方住，所以一直都住在女友家。扎克伯格听到之后，就邀请帕克过来一起住，跟他们继续做TheFacebook。帕克连想都没想就答应了，因为他头一次看到这个网站时就想参与，现在有机会跟网站的创办者共事，这简直令人不敢相信。

对扎克伯格来说，身边有帕克当顾问非常有

价值，他对业界的了解相当透彻，也知道所有硅谷的要角，而他在 Napster 和 Plaxo 的过往经验，也表示他深知要如何从头开始打造一家科技公司。最重要的是，任谁都会将这样的组合视为黄金拍档——尽管扎克伯格知道萨维林认为帕克是个危险又冲动的家伙。

帕克很高兴见到扎克伯格的团队由最强的工程尖兵组成，每个都聪明绝顶，包括实习生斯蒂芬·道森和艾瑞克·薛林克，这两人都是电脑系的大一新鲜人，专精 Linux 和客户端程序，再加上莫斯科维茨和安德鲁·麦卡伦姆，扎克伯格的确有个智囊团。

出租屋内呈现出的敬业精神十分惊人，没有一点夸张，大家日夜不停地写程序，一个又一个学校陆续加入了 TheFacebook，紧接着他们又忙于解决后续问题，增加新的应用程序，而且还要发展 Wirehog。他们是第一流的团队，可能是帕克见过的最杰出的创业人才。

帕克也很惊讶萨维林不在这里，他负责网站的业务工作，却没有身处这一级战区真是奇怪。帕克认为，或许萨维林比较像初期投资者，而不像扎克伯格这样与这个项目共同呼吸、生死与共。萨维林很显然地将会在公司下个阶段被淘汰出局，这种情形在硅谷屡见不鲜，帕克也习以为常。当一个事业成长得如 TheFacebook 般快速，要不就是全心全力投入，要不就拍拍屁股走人。

而在此时，人在纽约的萨维林根本没有把时间花在实习上。他坐在自己的小隔间里，看着厚厚一叠公司要他分析的股票评估报告，他意识到自己根本不必学习如何做个投资银行家，而应该把力气用在自己和扎克伯格在哈佛宿舍共创的公司上，因此他开始奔走在纽约的大街小巷，接洽潜在广告商、软件商，以及任何对 TheFacebook 表现出哪怕一丝兴趣的人。不到 1 个月，他就和一家公司谈妥了广告案，于是他飞到硅谷，要让扎克伯格知道最新进展。

萨维林自己盘算，他和扎克伯格要谈的事情太多了：TheFacebook 的会员已经超过 50 万，这表示需要更多服务器才能满足所需；同时，公司显然必须赶快雇用一些全职员工；这家公司目前还在靠他拿出来的 1.8 万美元运营……有太多燃眉之急要商讨。然而，当萨维林抵达加州，却发现帕克已经安排了 4 天和潜在投资者的应酬，其中有些还是硅谷的重量级人物。

八　极则必反

原来，有很多人对 TheFacebook 感兴趣，他们的创意深深吸引了不少硅谷的大人物。形势已经有所改变，现在真的有很多人开价，他们听到的都是数百万的数字。应酬也棒得不得了，他们被带到旧金山最高级、最昂贵的餐厅，有兴趣的厂商往往还会派出礼车，或是用豪华 SUV 来接送他们。有一天早上，扎克伯格的车子发动不了，导致早餐会议迟到了，要见面的创投公司就说要买部 SUV 给他。萨维林知道这个人是认真的，他认为下次他再来的时候，扎克伯格真的会有一辆新车。

萨维林只在加州待了短短 3 天后就回纽约了，继续为 TheFacebook 寻找广告商。大约 1 个星期之后，萨维林打电话告知扎克伯格目前进展时，扎克伯格觉得他要做的事情无关紧要。扎克伯格建议萨维林应该回到加州，因为 TheFacebook 所需的一切都在加州，但是萨维林却不以为然。

萨维林写了一封信给扎克伯格，重申自己和扎克伯格的合伙关系，他特别详细重述了当初创立 TheFacebook 时双方的协议，也就是萨维林负责公司的业务层面，扎克伯格应该在加州负责写电脑程序。萨维林还补充说，因为他拥有公司股权的 30%，他有权拒绝公司接受未经他同意的资金，扎克伯格必须接受此事实，而且要他以书面形式确认萨维林可以全权处理公司的业务工作。

扎克伯格一收到信就打电话给萨维林，告诉他一切都很顺利，不需要为了细枝末节的事情争吵。扎克伯格再次建议萨维林应该来加州，可是萨维林仍然觉得他的角色还是没有受到重视。于是萨维林决定做一件能百分百警告扎克伯格的事情，就是冻结公司账户。

扎克伯格的资金一被斩断，他就明白了萨维林的意思，于是立刻转而找帕克帮忙。帕克为他引荐了彼得·蒂尔，也就是高度成功的 PayPal 公司创办人与 Clarium Capital 基金的老板。蒂尔与扎克伯格和帕克会晤 3 个小时，然后同意投资 50 万美元，并取得新成立的 TheFacebook 有限公司 7%的股权。蒂尔称这笔 50 万美元的投资为“种子基金”，并承诺未来有需要时会挹注更多资金。除了股权之外，蒂尔也占到了公司董事会 5 席董事中的 1 席。

有了这笔资金，扎克伯格和帕克立刻采取行动。他们在加州的洛斯阿拉莫斯租了一套有 5 个房间的房子来办公，因为他们需要更大的空间，还因为原来的房东终止租约。新房子的邻居抱怨扎克伯格他们爬到屋顶再跳进游泳池，音乐也放得太大声。扎克伯格还拉了一条缆绳，让自己和朋友可以飞越房子再跳进游泳池，此举更让房东忧心不已。

扎克伯格此时已决定，暑期结束后他不回哈佛了，他要继续待在加州发展 TheFacebook，而他的室友莫斯科维茨也打算这么做。

相反，萨维林回到哈佛继续求学。在他升入大四约 8 周之后，萨维林应扎克伯格之邀飞到加州去签署新公司的成立文件，因为泰尔加入了董事会，公司结构将有所调整。

暑假那几周的风波似乎已被淡忘，尽管萨维林和扎克伯格在电话中争吵了好几次，但就像任何朋友一样，会为了出乎他们意料的事情争论吵架，可是他们之间的关系终会缓和，最后双方都同意还是以公司为重，要让公司继续顺利发展下去。这是生意，而他们是朋友，他们会就事论事，设法圆满解决冲突。扎克伯格说服了萨维林，让他接受了随着公司规模的愈变愈大，已经无法由一个人掌握所有业务层面的工作，且萨维林之前的要求是做不到的。在这些事情发展的同时，网站已经有将近 75 万名使用者，即将迈向百万大关。扎克伯格和莫斯科维茨暂停学业，他们打算聘请业务主管来接替萨维林，处理纽约的一部分工作。他们也很快为网站增设了新功能，而且其中有些确实很惊人。到最后，萨维林也从 7 月的盛怒中平静下来，他得出结论：反正扎克伯格想怎么做就怎么做。

2004 年 10 月底，萨维林再次前往加州，受邀去阅读并签署四大份文件。两份是一般的股权购买合约，要把他拥有的 TheFacebook 有限公司股份，转换成新成立的 Facebook 股份有限公司股份。经过股权转换，萨维林拥有新公司 34.4 %的股权、扎克伯格拥有 51%、莫斯科维茨拥有 6.81%、帕克拥有 6.47%，而泰尔拥有大约 7%。文件中明确规定持股期，这表示萨维林在很长一段时间之内不得出售持股。文件还加进了扎克伯格与公司的共同协议书，一份详细表明扎克伯格在 Facebook 公司中地位的新文件。

萨维林自认为负责公司重新登记的律师是站在他这边的，于是想都没想就当场签了那些合约。在简短会面之后，他就回哈佛继续他的学业。

九　分道扬镳

到了 2005 年 4 月，Facebook 持续其惊人增长：网站会员已经跨过了百万门槛，正急速迈向 200 万，并直逼 300 万大关。现在已经有超过 500 所学校加入，书报摊上每一本杂志，电视上每一个新闻节目几乎都对 Facebook 做了报道。似乎每个人都在追逐 Facebook 这股潮流。

扎克伯格在 4 月初给萨维林写了封电子邮件，要他到加州参加一个重要的商务会议，并培训一名新进人员。他还提到有些大创投公司对 Facebook 表示有兴趣，可能其中有一家很快就会投资。扎克伯格还随口提到，他、莫斯科维茨和帕克正盘算着要卖掉一些手中持股，如果成交每人大约会拿到 200 万美元。这可给了萨维林当头一棒，因为他的股权购买合约定有很长的接管期限，在此期限内不得出售股份。他天真地以为扎克伯格、莫斯科维茨和帕克所持有的股份也有类似限制，可是显然并非如此。萨维林觉得自己最好去一趟加州，巩固他与扎克伯格的合伙创办人的地位。

萨维林在 2005 年 4 月 4 日抵达加州，当他踏进 Facebook 的新办公室时，只见律师在那儿，扎克伯格却不见踪影，而律师坚持要他立刻签署文件。

律师给萨维林看一份文件，其中说明 Facebook 的股权已增加到将近 2100 万股，日期是 3 月 28 日；另外一份文件则载明要分配 330 万股给扎克伯格，200 万股给莫斯科维茨，以及超过 200 万股给帕克。萨维林立刻明白他对公司的影响力被削弱了，依照新的股权分配，他目前的持股会被稀释成非常低的比例。

律师面无表情，说增加股份是必要的，因为有兴趣的创投业者会要求持股。要萨维林签字只是形式，反正其他人早已授权出让持股，这么做是为了公司好，也是必不可少的，这个决策早已确定。“不”，萨维林拒绝签字让渡自己拥有的 Facebook 股权：早在宿舍时代他就已经参与了，他是 Facebook 的创办人之一，应该拥有 30％的股权，他和扎克伯格可是有过协议的。

律师对萨维林说，他已经不再是管理团队的一员，也不是公司员工，而只是因为初期的持股，才与 Facebook 保持关系。看来扎克伯格想彻底将萨维林从 Facebook 公司历史上除名。萨维林无法相信他所听到的，他离开 Facebook 的办公室回到哈佛，根本没见到扎克伯格一面。

在萨维林经历这些变故之际，扎克伯格和帕克正忙着在继续推动 Facebook 的成长。几乎每一家在硅谷的知名创投公司，都争相要投资 Facebook。扎克伯格和帕克最后选择了跟 Accel Partners 公司合作。

Accel Partners 很快就投资了将近 1300 万美

元，取得该公司少部分的持股，这笔投资将使 Facebook 的市值逼近 1 亿美元。短短 14 个月，成就了 1 亿美元，而那也只不过是个开头而已。在 6 个月内，帕克就确信他们可以让公司市值涨 3 倍。如果网友继续照着目前的速度注册，一年内就会有 5000 万会员。帕克有信心，他这个亿万宝贝就要诞生了！

而萨维林为了保住他握有的 30％公司持股，开始控告扎克伯格和 Facebook。虽然他很不想跟朋友扎克伯格对簿公堂，可是似乎也没有其他办法可以解决。

不管怎么说，Facebook 从一开始就是扎克伯格的点子，他付出了时间与心血。他在宿舍里一手打造了这家公司，他写了程序、设立了网站、飞到了加州、搁置了学业、找到了资金。对他来说，Facebook 从第一天起就是他个人的产物，而其他人都只是想要搭顺风车。文氏兄弟是，萨维林是，或许连帕克也是。在扎克伯格看来，做错的人恐怕是萨维林，是他背叛了他们的友谊，可是萨维林却不这么想，他打从心底认为，自己从一开始就参与了，自己是 Facebook 成功不可或缺的功臣。他投入了创业资金、投入了时间，应该得到之前协议签署的东西，就这么简单。

Facebook 惊人的成长力道持续不衰。Facebook 引进了分享照片功能，会员可以拍照、标记他们想联络的对象，然后让大家彼此接触，有点像把现实生活中的社交生活转换成数字形式。这项发展是在 Facebook 会员数大约在 800 万到 1000 万时引进的。该公司也在努力增设订阅功能，以让社交网络内的人能够持续更新近况。

这些都不只是应用程序而已，而是把一个原本在宿舍里想出的点子，变成改变生活、价值上亿的创业里程碑。在最成功的社交网站上打造最大、最成功的照片分享网站？然后再增设创新的订阅功能？Facebook 将会变成网络上规模最大的事业。迟早有一天，它会对大众开放，这会是下一个蜕变，是下一个里程碑，然后就会迈向国际。然后呢，Facebook 再也无可匹敌了。Facebook 就是会变得如此强大。

2004 年 10 月，公司重新登记进行首次募资时，扎克伯格安排帕克担任总裁。帕克这项职务的任期到 2005 年 9 月结束，因为那时他在一场给未成年人提供毒品与酒的派对中被捕。

帕克是天才，Facebook 能走到今天他绝对居功至伟。帕克是扎克伯格心目中的英雄之一，也一直是他的导师、顾问，或许还是朋友。对讨厌他的人来说，他一直都让人捉摸不透、狂放不羁，大家一直都不了解他，也觉得他的精力实在惊人。有些人认为，从目前的状况看来，帕克的处境可能会波及 Facebook，因为这场风波是非黑白很清楚，不论为什么会发生这种事，不管是倒霉还是其他原因，结果再清楚不过，帕克非走不可。

帕克离开了 Facebook，到蒂尔创办的初期创投公司 Founder Fund 担任合伙人总经理。据估计，蒂尔投资 Facebook 的 50 万美元如今价值超过 1 亿美元，而 Founder Fund 想要复制同样的成功。

对扎克伯格来说，Facebook 真的是一种革命，它之所以能改变世界，纯粹是因为它可以让大家在网络上自由交换社交资讯。这完全是扎克伯格的心血，他不会让任何事、任何人阻挠 Facebook 持续成长。

2007 年 10 月，Google 和微软公开竞争投资 Facebook，最后微软以 2.4 亿美元买下 1.6％的 Facebook 股份，这等于让 Facebook 的市值超过 150 亿美元。这个市值是它 2007 年营收的 100 倍左右。

从 2005 年 2 月问世之后，Facebook 已经从一个宿舍里想出的项目计划，摇身变为网络世界中最具影响力的公司。虽然扎克伯格目前的身价多少并不明晰，但是他确实称得上是史上最年轻的白手起家的亿万富翁之一，2009 年时扎克伯格也不过 25 岁。

萨维林从哈佛毕业后进入投资银行工作，他控告扎克伯格、Facebook 的官司到 2009 年底依然在诉讼当中。然而在 2009 年元月，他在 Facebook 公司史上又恢复了共同创办人的身份，也就是说他的官司至少有一部分有了结果。至于其他和解的财务细节，则一样隐而不宣。

文氏兄弟确实入选奥运会赛艇划船选手，在 2008 年代表美国参加北京奥运会，在男子双人项目中获得第 6 名。他们也控告了扎克伯格和 Facebook，双方在 2008 年夏天达成和解，和解内容并未对外公开，但后来有消息指出，他们获得了大约 6500 万美元的和解金。据说他们对这样的结果依然不满意，看样子他们跟扎克伯格的官司还会继续打下去。

扎克伯格追随比尔・盖茨的脚步，成为哈佛

最知名的辍学生之一。正如比尔·盖茨所说，如果微软不成功，他永远都可以回哈佛。倘若Facebook失败了，扎克伯格也永远都可以重返校园，可是在可见的未来，这似乎是不可能的。事实上，现在大家提出的大疑问，就是Facebook最后是否会抢了微软和Google的风头，成为全球最具价值的科技公司。Facebook确实是一场革命，拥有改变世界的威力。至于未来发展会如何，非常值得后续观察。

两个人的帝国

惠普缔造的硅谷神话

Bill & Dave

How Hewlett and Packard Built the World's Greatest Company

原著作者简介

迈克尔·马龙（Michael Malone），美国最优秀的科技新闻记者，曾任《福布斯》杂志科技版编辑，现为美国广播公司网站专栏作家。马龙撰写的专题报道散见于《华尔街日报》《纽约时报》《连线》杂志以及《快速企业》杂志，著作有《惊世伟绩》《虚拟企业》《无限循环》以及《知识资本》。

本文编译：庄靖

主要内容

主题看板

惠普之道

1938 年，两个斯坦福大学毕业的年轻人比尔·休利特和戴维·帕卡德在美国加州帕洛阿尔托的一间小小车库里开始了他们的创业梦想。这不仅是一个伟大公司的开始，而且是整个硅谷，乃至现代数字时代的起源。正是从这里，缔造出日后全球知名度和影响力别具意义的公司之一——休利特-帕卡德公司，简称惠普公司。这个举世闻名的车库也衍生为科技社会变革、企业家精神的公认标识，由此衍生的惠普之道更是居功至伟的经营理念。

迈克尔·马龙为人们进述了一个完整的惠普传奇，再现了休利特和帕卡德的伟大故事：我们这个时代最具影响力的一些产品是如何发明的？一种创新文化是如何引领公司走过几十载风风雨雨，取得无与伦比的成就？惠普之道是永不落伍的经营理念，正是它创造了具有竞争力、最具灵活性的公司——当之无愧的世界最伟大企业。

惠普之道也就是惠普的企业文化。惠普一向强调尊重个人、信任员工的管理哲学，将员工视为最大的资产。简单来说，就是以员工为导向，强调人性化管理，着重内部沟通，并加强人才培育。这些文化给予了员工足够的自由与弹性，自然而然也就建立起彼此的信赖和亲近关系。惠普虽然随着企业的快速成长而一变再变，但其独特的价值观和企业文化却始终如一。

惠普公司的“开明之法”成为后来许多高科技公司的经营范本。休利特认为自己最大的成就之一，便是与帕卡德共同发展出以人为本的管理文化：譬如灾难医疗保险、弹性工时以及与员工对话的咖啡时间。这些制度，现在看来极为普通，在当时却是破天荒的主张。两位创办人率先采用平易近人的领导方式，员工随时可与主管沟通。惠普开创的管理模式，不但激发了员工的创造力，也带动了公司的经济活力，这一切都得归功于两位创办人的创意想法。

惠普公司的“开明之法”尤其体现在灵活的上班时间和开放库房两方面。帕卡德说：“灵活工作时间是对员工的尊重与信任。我们相信员工能够跟主管和同事协调出方便又合理的时间表。”灵活的上班时间制度，开始于1967年惠普设在德国伯布林根的工厂，然后才推广到惠普在全球的所有企业。这种灵活上班制度，允许员工在保证完成规定工时和工作量的情况下，自由掌握上下班时间。这样做是为了让员工能按照个人生活需要调整工作时间，也表示了对员工的充分信任。开放库房的政策则起源于休利特。有一个周末，休利特到工厂办公，想要找台显微镜，却发现放器材的地方已经上锁。于是休利特就把门锁砸坏，留下一张纸条：“请勿再锁此门，谢谢。比尔。”从此，这政策就一直延续下去，方便工程师随意取用设备器材，甚至还鼓励员工拿回家里去使用。惠普认为，不管工程师用这些设备所做的事是否跟工作项目有关，都能因此学习到新事物，可以加强对产品技术革新的了解。

惠普文化并非只有民主、人性化的元素。在对员工尊重、信任的文化中，同时也巧妙地融合了纪律。惠普的两位创办人都与军队有过接触，军队经验让惠普文化更加完善和巩固。惠普文化中的目标管理、走动式管理等管理哲学，大多取材于军事管理。惠普吸收了军事管理中的优点，同时又高明地避开了军事管理中的不足。

目标管理是惠普经营哲学之一，最早使用于军方，军队作战用“目标导向”为胜利提供重要保障。惠普采用了军方的目标管理方式，却又摒弃了军方的机械式执行模式，开创出惠普独有的目标管理方式。惠普的创办人意识到，给予员工更大的自主权，会提高员工工作的积极程度。1969 年帕卡德受邀出任美国国防部副部长，对管理有了更深刻的体会。军队发出的命令必须层层执行，不准提问和说明原委。帕卡德认为，要实现目标必须得到同仁的理解和支持。帕卡德回到惠普的第一项管理革新就是，停止使用单间办公室，改用与肩齐高的隔板分割办公区域，首创开放式办公环境。这种做法体现了公司上至总裁、下至基层员工一律平等的精神，在管理体制上形成了开放式的管理体系，鼓励并保证了沟通交流不仅可以由上而下，也可以由下而上。

一　两位创办人

从现代商业史的视角来看，比尔·休利特和戴维·帕卡德的初次见面，可以称得上是一次“重大邂逅”。这个重大时刻的确切时间是在1930年秋天，两人戴着护腿和头盔在橄榄球场外的长凳旁相遇——两人同时参加斯坦福大学橄榄球队一年一度的球员选拔赛。

志趣相投的好朋友

当时帕卡德还是来自科罗拉多州的大学新生，身高1.95米，是典型的校园橄榄球明星模样。而且帕卡德才华横溢，是斯坦福全新热门专业——电子工程系的明日之星，这位天生的运动健将，不仅入选橄榄球校队，还是斯坦福篮球校队的一员，更是田径校队的要角。

相对而言，休利特的外表就不那么显眼了，

他属于短小精悍型，笑起来显得狂傲自大，没有哪个教练认为他是一个好选手，甚至会认为他带着一丝邪气！先天上不足的地方，他努力靠自己的热忱和投入来弥补——他的热情让教练都不忍心把他的名字从名单上划去。休利特甚至连进斯坦福都是因为运气好，他承认自己能够进斯坦福主要是凭借家庭背景和父亲的人脉关系，不是凭成绩——他的高中成绩糟糕透顶。事实上，一直要等到将近 30 年之后，才确诊出休利特患有严重的阅读障碍，这终于解答了为什么休利特相当善于倾听，阅读上却乏善可陈。休利特最终并没有入选橄榄球校队。

尽管休利特和帕卡德在球场上相遇，彼此留下了深刻的印象，却没有即刻结为挚友。两人忙于攻读工程学的学士学位，所以常常选修同样的课和参与同样的讲座，但是一直要到他们在斯坦福念到大三的时候，才因为彼此都相当热爱户外活动和电子而真正开始建立友谊。此外，休利特还是当时校园里少数拥有汽车的学生，休假时常常和帕卡德一起到加州各地进行户外探险。两人同在 1934 年毕业，毕业时帕卡德说服休利特，一起到圣胡安山脉来了趟为期 2 周的骑马旅行。

当时正值经济大萧条最严重的时期，两个年轻人深知，自己面临美国史上就业市场最低迷的一段时期，但奇怪的是，这对他们来说就好像是解放一般，因为既然传统的企业就职途径完全封闭了，两人就大可尝试颠覆传统的新事物。他们甚至认真思考要创业，考虑往“电子”（电子这个名词在当时还十分新鲜，直到两人就读斯坦福之后才出现）领域发展。不过尽管两人经验有限，还是很清楚创业需要资金、产品和顾客，而那时他们一项都没有，创业的梦想就此被两人搁置。

帕卡德进入职场，休利特继续升学

毕业后，帕卡德选择到通用电气公司工作，该公司位于纽约州斯克内克塔迪市。帕卡德到职的第一天，主管就要他别再去想跟电子相关的事，因为那根本没有前途，反而要他把心思花在增长经验上面，学习制造水力发电厂使用的发电机。在“增长经验”的过程中，帕卡德被指派去检测冰箱漏气等故障状况。显然，这对帕卡德来说简直就像噩梦一样，更别说在他一直努力用功、立志要晋身全美最杰出的年轻电子工程师之列的梦想之下了。

帕卡德到东部发展，休利特则选择在斯坦福多待一年，选修一门电子工程研究所的课程，开课教授是当时的系主任弗雷德·特曼。那一年，休利特成了出名的超级捣蛋鬼。有一段时间，电子实验室的屋顶严重漏水，特曼教授就摆了托盘接漏水，休利特见状，就顺势在托盘里放进几条金鱼。当时，休利特也学会了攀岩，他常常爬上校园广场粗糙的砂岩围墙，为同学增添话题和乐趣。有个经典的事件是，学校要求特曼教授对理事会“解释并坦白”，因为有些学生私自使用斯坦福最先进的直线加速器，这个直线加速器有3米长，学生用它来“泵出”学校附近小旅馆的啤酒。大家从来不清楚休利特对这件事的具体贡献，却都清楚记得他给参与的同学打气。

关键思维

我直到很晚才明白，休利特不只会解决问题，还能看穿问题背后的深意。他能够了解到，解决了一个创意十足的问题，一定会再引发出两个待解决问题。

——弗雷德·特曼，硅谷之父

在斯坦福的一年研究所课程接近尾声之际，休利特成功申请到麻省理工学院的硕士班。于是在1935学年度结束之后，休利特满怀抱负与决心束装前往波士顿。这样一来，他就跟大学的哥儿们帕卡德同在东海岸，不久之后，休利特就开始了定期搭火车从波士顿到斯克内克塔迪探望帕卡德的“约会”。

努力寻找工作乐趣

与此同时，帕卡德为了逃避测试冰箱的噩梦，已经请调到公司的无线发射器部门，负责制造公司的水银整流器。因为这种装置实在太容易出故障，帕卡德几乎寸步不离工厂，紧盯生产流程的各项步骤。帕卡德发现，公司提供给生产线同事的作业指导并不恰当，以致大家按照过时的操作范例进行生产。帕卡德全面修改了作业指导，大幅提升了产品的合格率。

帕卡德借此首度展现出，他不仅是杰出的经理人，更是创新的经理人。多年之后，惠普制订出称为“走动式管理”的领导范例，引起许多企业管理专家著书探讨。帕卡德回想自己当初在工厂寸步不离的那几个星期，实际上就是在实践走动式管理，帕卡德后来表示：“那对我来说是非常重要的经验，要落实书面的作业指导，往往必须靠当面沟通。”

帕卡德的室友是几个单身工程师，都在通用电气工作。这几个工程师常常会向公司购买有瑕疵的电子设备，然后在阁楼修补这些仪器。有个经典的事件是，一个原本是要用在大型发电厂的发射器，经过这几个人的“鼓弄”和把玩后，只要按下发射器按钮，他们所租房子里的大大小小电灯都会亮起来，而不论电灯开关是开还是关。最特别的是，尽管这些废弃的工业设备形成了强大电场，这些人吃住又都在这个电场里面，但大家后来都很长寿，而且职业生涯的发展也都相当不错。

不如去创业

休利特从麻省理工学院的研究所毕业之后，开始四处投简历求职，不过只有位于芝加哥的杰森扬声器公司愿意录用他。这份工作并不吸引休利特，因此他写信给斯坦福的特曼教授，询问有没有合适的工作机会。特曼教授努力为休利特找到了一项产品研发项目，这个项目是由一位旧金山的医师资助的。休利特接下这个项目的研究工作后，再度回到旧金山地区。他在斯坦福的电子研究室进行这项研发项目，不过从来没有真正研发出什么产品。

有次帕卡德回到西海岸，拜访休利特以及休利特的女友，这次见面让他意识到自己必须逃离通用电气回到斯坦福，因为斯坦福正在进行全美最令人激动兴奋的电子研究。此阶段的特曼教授在负反馈控制系统上取得重大突破，能够让电子装置更有效回应各种变化状况。帕卡德希望参与这一类研发项目，所以就找休利特来商量，结果两人达成共识，决定尝试创业。

二　惠普诞生

1937 年 8 月 23 日的会议纪要标题是：新创企业试验性的组织规划和试验性的工作计划。休利特和帕卡德讨论的产品构想包括高频接收器和医疗仪器，而且纪要上还注明“我们要尽可能跟上新兴的电视科技”。提案上的新公司名称是“工程服务公司”。他们压根没想到盈利，他们的想法只是：如果找不到工作，就替自己创造工作机会。

休利特和帕卡德在创业之前，根本不清楚自己该怎么发展，这点非常值得一提。此外，两人是非常要好的朋友，打从心底信任彼此，这也是相当特别的事。没有一家创投业者想要点评他们，或是要推动他们公司的股票进行首次公开发行。在那时，甚至没有任何一家产业杂志分析他们的一举一动。不过，休利特和帕卡德还是决定要放手一搏。

车库里的企业总部

特曼教授为帕卡德提供一个他的实验室研究助理工作，为期 9 个月，薪水是 500 美元，这笔钱足以让帕卡德回到西海岸投入创业。帕卡德接下这份工作，但是并没有完全辞去在通用电气的工作，反而说服了自己的主管，让他请假一年——这样万一结果不如预期，他也好有个退路。

帕卡德一回到旧金山，就马上和休利特展开行动。1939 年 1 月，帕卡德和休利特签署文件，正式合资成立公司。休利特同意先提供资金购得公司股份，而帕卡德则贡献在通用电气工作时自费买下的所有设备。两人在帕洛阿尔托市的爱迪生大道租到一栋小房子，作为新的“企业总部”。两人租下这房子的一楼、储藏室和有一个车位的车库。房东自己住在二楼，帕卡德后来住进储藏室，这里的空间只够摆得下 1 张床和 1 把椅子，而且储藏室没有供电。车库则摆进了这家公司的所有设备。

两位合伙人开展工作之后没多久，就觉得“工程服务公司”这个名字听起来太直白了，于是决定要用自己的名字来当作公司名称。两人用丢硬币的方式决定名字谁先谁后，结果不用多说，休利特赢了，所以新公司的名称就叫做“惠普公司”。

产品在哪里

尽管两人在过去 8 年都相当积极投入电子领域，却都没有办法提出确实可行的意见，找出公司到底应该开始生产什么产品，未来才有可能畅销。因此他们决定承包当地企业的订单，发挥自己在工程方面的高超本事：当地一家保龄球公司请他们研发球道的标示装置；当地的天文台也请他们研发望远镜用的同步马达驱动器；两人甚至开始为另一位顾客研发自动冲水马桶。这形形色色的订单，让两人在构思产品的同时，还能够支应生活开支。

休利特在跟特曼教授进行研究的时候，曾经研发出音频振荡器并且取得专利，这种装置在各种振幅下都能持续发出精确的信号。两人一直没有想到要把这项装置当作产品，直到特曼教授派他之前的学生哈洛·巴特奈到两人的车库参考这款装置的初期原型。当时巴特奈是国际电话电报公司的研发副总，在看到这款装置之后大加赞赏。因为他实在太欣赏这款装置，就提出愿意付500美元买下海外专利权。巴特奈对这款装置如此肯定，让休利特和帕卡德非常惊讶，亦备受鼓舞，于是两人判断，或许应该尝试生产和销售这种音频振荡器。

定价原来是这么回事

两位创办人制造出功能更完善的音频振荡器原型，装置外观非常专业，还用了手工雕刻的外包装。两人还印制了2页的宣传手册，而且为了不让别人知道这是他们的第一项产品，他们还把这部机器命名为“200A”。休利特和帕卡德还定了个非常随性的价格，每部要价 54.40 美元——最主要是因为这个数字会让他们想起“为北纬 54 度 40 分而战”！这句口号是 1844 年美国总统大选时提出的，锁定美国西北部美加边境的划定问题。不幸的是，两位创办人很快发现，54.40 美元的价格远低于 200A 的生产成本，如果继续保持这个价格，最后每卖一部就会赔一些钱。对他们新创的公司来说，这种状况真的称不上是好兆头，然而幸运的是，所有跟 200A 竞争的产品，价格大约都在 500 美元以上，所以两人发现，大可放心把定价调到比原价高出甚多。

在休利特和帕卡德四处为公司的音频振荡器寻找买主之际，迪士尼制片厂的首席录音工程师巴德·霍金斯找上他们。迪士尼当时正准备开拍新动画片《幻想曲》，霍金斯想要更新片厂的测试仪器。最终，霍金斯订了 8 部名为“200B”的升级版音频振荡器，每部价格 71.50 美元，这个价格对惠普来说有利可图。

关键思维

我们很快就了解到，如果这部机器非常有价值，就可以提高定价，这个经验非常重要，因为这让我们能够一边经营，一边获得财务援助。

——戴维·帕卡德

抓住大顾客就是抓住王牌

休利特和帕卡德渐渐拼凑出公司的运营策略。在收音机和录音设备代理商诺姆·尼利的建议之下，惠普公司从代工厂转型，全力生产和销售自己的产品。尼利提供了自己的销售网络，因此两人就有了配销渠道。事实上，在 1939 年，也就是公司开张的第一年，惠普的营业额就已经达到 5369 美元，获利达 1653 美元，税前获利大约 25%。公司完全没有负债，而且订单满当当。

不仅如此，两人还争取到迪士尼公司这个客户，迪士尼公司是全美最成功的企业之一。休利特和帕卡德很快了解到，目前手上已经握有充足的现金，可以开始打造自己梦想中的企业。总而言之，公司在开张第一年的年底，运营状况就已经相当不错了。

随着信心的逐步建立，两位合伙人在 1939 年秋天决定，将公司从车库迁移到离家大约 10 个街区的小型厂房。新厂房的空间足以让他们设个小办公室、涂装间、机械车间，还够设个会议室和测试区。两人都认为这个新的厂房跟原来的车库比起来，实在是华丽得多，尽管新厂房的规模跟惠普公司未来开设的许多据点比起来，还不及据点的大厅大小。

三　成为行业龙头

在早期，休利特和帕卡德必须同时担任“校长兼撞钟”，几乎大小事都要自己来，从产品研发、生产，到定价、包装和配送；从接待顾客和业务代表到记账；从撰写广告文案到下班后的打扫，统统包办。

二次大战带来业绩起飞

有了第一年的成功经验，休利特和帕卡德积极地为公司招揽生意。两人和国际电话电报公司签约，研发晶体控制的定频振荡器，用于电子航空降落系统。认真投入这个项目后才发现，这已经超出他们的能力所及，所以两人开始聘请技师、机械师、技工和测试工程师。快速扩充员工人数的结果，就是公司现金流吃紧，好几次差一点就发不出薪水，不过通过两位合伙人的斡旋和奔走，最终扭转了公司财务面临破产的窘境。

休利特和帕卡德也很清楚，他们必须扩充产品范围。除了起步时推出的两款音频振荡器之外，两人开始生产谐波分析器和方波发生器。到了1940年年底，惠普的营收达到3.4万美元，正式员工有5位，产品目录上也有了4项产品。

尽管休利特和帕卡德针对1941年的经营进行了详尽规划，但是该年的发展大出两人意料。美国在珍珠港事件之后加入第二次世界大战，休利特也从后备军人突然升级成现役军人，留下帕卡德独自经营公司。惠普公司也突然接到大笔国防单位的合约，要该公司进军军事科技研发领域。

这笔突如其来的大生意对惠普的营收来说，可算是一大助力。惠普在1941年到1942年之间，营收大幅增长了400%，紧接着在下一年又增长了将近1倍。尽管帕卡德在休利特缺席的情况下，为经营公司手忙脚乱，但是他还是坚持，自己的薪水不能高过休利特在军中的薪水。

在战争期间，惠普承接了许多机密级的研发项目。其中一项的代号是“豹”，内容是要研发电子反制装置，用以干扰敌人的雷达信号。这让惠普在微波领域获得了宝贵经验，也让该公司在转战大众消费产品领域之后，成为业界龙头。在战时进行的研发项目中，有许多后来都发展成大量的民生新应用和新产品，其中包括示波器。

保守务实成为最佳企业

至二战结束时，惠普公司成立已满 6 年，年营业额超过 100 万美元，崭新的总部有 200 多名员工。公司产品包括音频振荡器、微波发生器、音频信号发生器、波形分析仪以及失真分析仪。不仅如此，惠普还赢得了良好名声，以创新、品质和履约著称。美国经济从战争经济逐渐转型，消费者需求也随之释放并多样化涌现，惠普就此漂亮地坐上龙头宝座。

然而更重要的是，惠普被大家视为最理想的工作选择。在帕卡德的坚持之下，公司已经实施了员工分红制度，所有员工都能分享公司获利。公司每年给员工拨发高额的红利，也被奉为公司经营的圭臬。在接下来的几年内，公司还增加了高额医疗保险和退休金制度，而且退休金极为丰厚。上述种种因素结合起来，使得惠普成为最理想的就业选择，这意味着公司招募新员工异常轻松容易。

在财务上，休利特和帕卡德时时坚守保守风格。公司搬迁到新的企业总部时，办公区内仍然保持一片开阔。两位创办人认为，万一公司破产，就可以把这栋大楼卖给超市。然而这么做的结果是，员工在空荡荡的楼层中办公，只用隔板隔出各自的位置。这么做原本是为了落实节俭谨慎的财务规划，不承想却成了惠普最著名的特色之一。

确立惠普之道

除了上述各项成功要素，两位创办人独有的管理风格和其他方面也逐渐融入公司的 DNA 中，包括：

◎走动式管理——这项观念是说，经理人应该实际走进制造现场，亲自了解各种状况，不要光坐在办公室里发号施令。

◎开放的沟通政策——在这项政策之下，每位员工都可以向主管提出自己关切的问题或抱怨，而且如果问题没有解决，可以向更上一级的主管呈报，一直报给 CEO 都可以。

◎行事要符合惠普之道——内容相当广泛，包括所有事情都要在台面上诚实解决，不能在私底下解决或是做出见不得人的勾当。

◎打从心底信任员工——信任的程度甚至到了休利特和帕卡德亲自下令：零件库房和储藏室大门一定要时时打开，这样员工在下班以后，如果要在家里进行未完成的工作，才能够方便取得工作所需的设备。

四　衰退与成长的考验

随着二战结束，一般预期市场对电子仪器的需求会微幅下滑。然而市场反应的结果比休利特和帕卡德当初预计的还要严峻。公司营业额在1945年还是160万美元，到了1946年却只剩一半。为了应对这种状况，休利特和帕卡德后来不得不把员工裁员到120名。

休利特和帕卡德面临了令他们难以忍受的裁员窘境，两人受创颇重，使得惠普在接下来的30年内，也就是两人还在负责公司日常运营的期间，都不忍再面对大幅裁员的状况发生。电子业的特色之一就是会先雇用过多员工，再残忍地裁员，就这样陷入无止境的恶性循环之中，惠普的作为在业界来说，是个非常显著的例外。事实上，惠普为了避免在不景气时大幅裁员，宁愿放弃在景气兴盛时增聘人力，即使可能造成公司错失额外营收也在所不惜。

卷起衣袖力抗衰退

尽管惠普在战后数年之内，只能勉强维持运营，但是休利特和帕卡德还是勇敢地决定，要借这个机会拓展惠普的产品范围，并且要进军新的产业。这项构想实施之后，大大激发了惠普员工的能力，员工也都发现了许多自己之前没发现的技能。那是个“大家一起来”的年代，而且公司的两位创办人也乐得沉浸在这个机会里，卷起袖子重回实验室。在战后公司表现衰退的压力之下，帕卡德亲自设计了新的电压表，这款电压表在接下来的50年内，成为惠普极为成功的产品。

惠普的营收在1946年开始触底反弹，成长之快就像一列失控的货运火车。1947年的营收超过85万美元，比前一年增长50%。紧接着在1948年，营收又大幅增长了3倍，达到220万美元。当时许多美国大兵返回家乡，靠着《退伍军人权利法案》快速取得大学学历，然后开始结婚生子，开启了战后婴儿潮时代。伴随着这个人类史上最大的人口增长潮，美国重新启动大规模的公共建设，在当时建立了全国高速公路系统、延伸供电网并且广设电话系统。此外，原本是军事用途的科技，也开始运用在消费者产品上，包括微波、无线通讯和资讯处理。但是这些发展的重要性，都比不上晶体管的发明，这项发明使得电子业成为 20 世纪 50 年代最热门的新产业。在许多新兴的市场中，惠普漂亮地扮演了关键角色。

休利特和帕卡德受到过去经验的启发，相当重视团队的力量，认为应该让团队中每位成员自由运用各自的技能和判断，选择最恰当的方式来达成共同目标。而他们俩的经验不只来自自己的公司，还来自通用电气公司、军中，甚至还可以回溯到特曼教授的实验室以及斯坦福的橄榄球校队。两人也都了解，尤其是在电子业，迅速创新对企业生存至关重要，在开明经理人的领导下，授权亲如家人般的员工，能够不断激发几近奇迹的发明、品质和应变能力。然而在当时，两人还没有找到词汇来形容这种新的经营哲学，这个词一直到 10 年之后才出现。他们当时把这种哲学简单称为“惠普之道”。休利特和帕卡德甚至不知道，等到公司规模从位于红杉大厦的小公司，成长为符合两人对惠普想象的巨型企业时，这个哲学是否还行得通。但是他们就是勇于尝试，毕竟这两人骨子里敢于冒险，否则他们就不会有这么高的成就。此外他们也实事求是，而事实证明，这种新模式能够超越所有他们之前见过的经营模式，就像他们的仪器能够持续超越竞争对手一样。

产品创新，经营也创新

时间进入 1950 年，惠普年营收将近 200 万美元，共有 146 名员工，产品种类将近 70 项。在 20 世纪 50 年代，几股强大的市场力量结合起来，带动了美国经济，这些发展也让惠普的市场大大成长。在这个时期，一时出现多家电子公司抢进市场，但是惠普总能令人惊讶地不断迈向新高。事实上，到了 20 世纪 50 年代末期，突飞猛进的惠普已经达到年营收 6100 万美元、员工超过 3000 名、产品将近 500 种的规模。

有趣的是，惠普从白手起家到成就辉煌，带领公司的高层管理团队始终未变。其实，休利特和帕卡德找到许多过去在斯坦福的同学，说服他们一起为惠普服务。接下来该公司采取了几项做法，这些做法在高科技产业相当罕见，包括：

◎角色互换——经常举办各种令人难忘的公司野餐活动，由两位创办人和高层经理人当员工的服务生。

◎举办企划营——在名叫小巴辛的地区买了一块土地，此地距离帕洛阿尔托市约 1 小时车程，开始在该地举办年度露营活动，并指派公司经理人在没有干扰的环境中，对未来进行规划。

◎员工分红——每两年会发给员工分红

支票。

◎点心时间——给员工提供免费的咖啡和甜甜圈，每天两次，分别在上午10点和下午3点。

◎“蓝色星期五”——每个星期五下午举办啤酒同乐会，员工可以来杯啤酒、吃点饼干乳酪，联络彼此感情。这也使得星期五变成公司的“天马行空日”，员工在这一天的工作就是构想新的创意和发明。

◎解放服装规定——一开始只在星期五允许员工穿休闲服装上班，但是最后变成每天都可以。

上述许多构想对于现在的高科技公司来说，都已经是标配做法，但是在休利特和帕卡德开始实行的时候，却被认为是相当革命性的做法。在20世纪50年代，管理阶层和基层员工之间的界线相当清晰，休利特和帕卡德努力打破这种专断的隔阂，凝聚出稳固的团队精神。从未来的角度回头看，这些管理措施被称为是具有惠普之道的经营方式。他们不只努力研发卓越产品，也发明了卓越企业应该遵循的经营方式，而且这些模式都是没有前例可循的。

选择性成长

1957年，惠普股票上市。到了这个时期，公司年营收已经达到约2800万美元，员工大约有1800名。对大多数企业来说，公司股票上市是件值得大大庆祝的好事，但是休利特和帕卡德的反应却大不相同。

关键思维

我们很担心公司成长，因为我们很怕公司会失去人性的一面，而这又是我们最重视的。我们从一家规模很小的科技公司起步，股东只有帕卡德和我两个人，而成为上市公司，看起来跟之前完全不一样了。

——比尔·休利特

为了追求成长，惠普远离加州大本营，于1959年在瑞士伯恩设立了第一个欧洲据点。不久之后，又在德国开设营业处，并且在斯图加特附近成立仪器组装厂。不到两年，惠普在欧洲已经是最知名的美国电子产品制造商之一。后来同样的模式也在日本和中国上演，表现也同样亮丽。惠普不断在国际上扩充制造据点，但是在美国本土却还没成为全国性的制造商，只能算是地区性的制造商。

采取目标管理

大约在此同时，惠普也将权力分散到各事业部门。休利特和帕卡德认为，一家公司的规模最大不应该超过1500名员工，所以他们规定，只要有一个部门达到这个规模，就要独立成一家公司。他们认为，要永久保持并强化惠普的企业文化，这是最重要的方法。

另外，他们还想出了另一项卓越的管理观念：目标管理。

关键思维

当我们思考该怎么管理这样一家公司时，我脑中不断盘旋一个观念：只要能够让大家都认同我们的目标，了解我们想要达到的成果，那么我们就大可放手让大家自由发挥，大家都会朝共同的方向努力。

——戴维·帕卡德

基本上惠普的观念是，如果经理人很清楚上级希望他们做出什么样的决策，他们自然能够在自己的层级做出最恰当的决策，而不必等上级指示。所以真正该做的就是，提出清晰的指导方针，说明公司希望达成的目标，然后就交由经理人发挥。

惠普成为最早实行目标管理的企业之一，因此也无可避免地成为数千家企业仿效的典范。

宣告惠普目标

为了提出恰当的指导方针，两位创办人和高

层经理人一起研商，订出惠普的第一批企业目标：

◎获利——确认获利是评估公司对社会贡献程度的最佳指标，也是公司实力最重要的来源。公司应该在符合其他目标的前提下，尽可能追求最大获利。

◎顾客——努力持续提升产品和服务的品质与价值，给顾客提供更优质的商品。

◎专业领域——集中所有人的努力，在能力所及并能够有所贡献的领域中，持续找寻成长的新契机。

◎成长——强调成长是公司实力的评估指标，也是生存的必要条件。

◎员工——向惠普员工提供发展职业生涯的各种机会，包括有机会分享公司成就，因为公司的成就要靠员工的齐心协力才能达成。根据员工的工作表现，让员工享有工作保障，并且让员工有机会自我满足，而自我满足来自工作成就感。

◎组织——维持恰当的组织环境，激发员工的动力、自发性与创意，并且要维持宽广的自主空间，让员工能够达成公司订下的目标。

◎公民责任——社区和公共机构塑造了我们生存的环境，要为社区和公共机构奉献心力，尽优良公民应尽的责任。

上述企业目标随着时间不断演变与调整，但是最初的目标基调浓缩了两位创办人的信念和道德观。休利特和帕卡德一向坚守自己的信念，在做每项决策时，都会考虑到这些信念。

用股票完成多项并购

幸运的是，因为惠普是上市公司，除了资金，还可以运用公司股票并购其他企业。惠普就是用这种方法，并购了加州帕萨迪纳市的莫斯利公司，使得惠普拥有了全世界最佳的平面绘图仪技术，也标志着惠普正式进入绘图仪行业。后来惠普运用这项技术，研发出一系列的印表机，让惠普在这个价值数十亿美元的产业中，占据龙头地位。惠普之后也运用同样的模式募资，进行了好几项并购案。

关键思维

我很清楚，在某些产业中，尤其是那些需要大量资金挹注的产业，量入为出的做法是行不通的。我也很清楚，整个业界为了满足资金需求，非常盛行运用股权融资和长期贷款来提升获利。赞同这种方法的人会说，善用这几种方法可以提高获利。这话或许有理，不过在惠普我们坚守的政策是，坚持量入为出，不要造成大笔负债。

——戴维·帕卡德

让员工变成百万富翁

1959 年，休利特和帕卡德还宣布，要推行员工认股制度。在当时的经营环境下，这是一项革命性的制度。实际推行的结果是，在很短的时间内，惠普员工就成了公司最大的股东。这样不仅可以奖励员工的辛劳，还可以进一步把权力下放给员工，而且这样也避免大量股票流入机构投资人手中，让机构投资人无力进行公司不乐见的变革。这么做的结果，使得休利特和帕卡德更能抗拒华尔街的外在压力，这些投资人会要求短期绩效，而不重视长期成果。

员工认股制度在推行一段时间之后，进行了必要的调整。在原先的规划中，并没有规定转让期限，因此员工只要一购得公司股票，就可以立即脱手。因为有太多员工开始这么做，两位创办人决定要修订这项制度，阻止这种情况发生。令人始料未及的是，许多参与认股的员工后来都成了百万富翁，因为员工手上的惠普股票必须持有一定的时间，不能立即脱手变现。

五 世界级企业

进入20世纪60年代，惠普年营收已经达到5000万美元，有3000名员工，以创新产品和人性化政策著称，并且首度跃升为全国和跨国企业。60年代结束时，惠普已经是年营收3.3亿美元的全球巨人，员工有1.6万名，而且是世界上最受景仰的企业。但是在光鲜的外表下，还是牵涉了权力和世代的冲突。

不断打入新市场

1961年，惠普从纳斯达克改到纽约证券交易所挂牌。隔年，公司名列《财富》世界500强企业的第460名。惠普也在1963年，通过合资企业的方式进入了日本市场，这种做法领先业界将近10年，没有一位竞争对手想到要用这种方式。这项运营措施非常重要，因为这使得惠普得以切入日本国内市场，在20世纪60年代，非日本本土企业很少有机会在日本国内市场销售产品。

此外，惠普还进入了几个主要的新市场。其中三个规模最大也最重要的市场分别是：

◎迷你电脑——帕卡德原先想要并购迪吉多电脑，但是并购交易告吹，于是帕卡德就指示研发部门开始研发惠普电脑。惠普的第一部迷你电脑是2116A，在1966年上市，定价在2.5万美元到6万美元之间不等，视配置而定。2116A推出之后大受欢迎，因为惠普的电脑加强了耐度，能够禁得起撞击和震动，而不会像当时的其他迷你电脑那样严重易损。后续的机型HP 3000通用电脑，名列惠普产品目录长达31年，而且从获利来看，大概是惠普史上最成功的产品。

◎台式科学计算器——惠普经过两年的研发期，在1968年推出第一款台式科学计算器9100A。这款计算器彻底改变了业界生态，因为这不只是简单的算术机器，更是可以媲美电脑的运算工具。可以说惠普推动了科学计算机的革命，同时也将丰硕获利收入囊中。

◎半导体——惠普还投入半导体制造业，并且成为全球10大芯片制造商之一。这项成果可以说是无心插柳，因为惠普生产芯片的最主要目的是供惠普自家产品使用，而不是积极寻找公司以外的顾客。

不断尝试新设计

这几项新的业务，休利特和帕卡德均“亲身参与”，不过公司里其他工程师也都在学着怎么巧妙应付这两位创办人。事实上，在几项重要的新产品之中，至少HP 3000电脑这项产品是工程师利用私人时间偷偷进行的实验性研发——这项计划原本遭到了休利特和帕卡德的否决。

电脑部门有一群志同道合的家伙，不愿意放弃这项计划。他们暂不管对这项计划颇有顾虑的休利特和帕卡德，私下持续悄悄推进 Omega 计划，而且一完成阶段性结果就向项目主管报告。结果这些经理人对这部电脑修改过的功能大加赞赏，并决定把 Omega 电脑改成 16 位元的迷你电脑，搭配比较简易的操作系统，重新命名为"Alpha"，然后向总部提案。当 Alpha 一出现在满脸惊讶的帕卡德眼前，即得到了帕卡德的真心称赞，帕卡德对这项修正过后的产品非常满意，并且同意继续研发。结果，惠普在 1972 年推出 HP 3000 电脑，这是一款通用电脑，不同于其他电脑按批次作业方式处理大量资料，HP3000 能灵活处理即时问题，这很符合中小型企业的需求。从总营收的角度来看，HP 3000 可能是惠普史上最成功的产品，也是史上最受欢迎的电脑之一。

关键思维

我之前在惠普位于科罗拉多州罗兰市的分公

司担任产品工程师，那时我制造出一部大荧幕示波器，可以用来当作电脑显示器。我的主管对这款示波器没多大兴趣，但还是让我展示给休利特和帕卡德看。他们并没有被打动，而且帕卡德还对我的主管说："明年我再来这里的时候，我不想在实验室里看到这个东西。"尽管如此，我还是持续改进这项产品，把这项计划当作未经批准的秘密实验计划，最终完成了一部可用的原型机。在我到加州度假的时候，带上了这部原型机，结果潜在顾客对这部原型机都相当感兴趣。我说服分公司研发经理，要赶紧开始生产这款荧幕。一年之后帕卡德回到这里，这项产品已经正式生产了。他几乎要抓狂了，他说："我不是说过要这个东西消失吗?"结果我回答："不是的，你是说不想在实验室看到这个东西，现在这个东西不在实验室，已经开始生产了。"市场预测，这项产品一共只会卖出 31 部，结果我们反而卖出了 1.7 万部。最重要的是，我们都通过这项产品见证了阿姆斯特朗登月的足迹。这款荧幕一共为公司创造了 3500 万美元的额外收入。我不想成为一个目空一切或是难搞的人，我不过是希望惠普能够成功。我从没想过，这可能会让我丢掉工作。

——查克·豪斯，惠普前高层主管

这位年轻工程师没有丢掉工作，帕卡德还在几年后召开了一场部门会议，并且在会议上用崭新的奖章来奖励豪斯，表扬他“彻底蔑视和违抗一般工程师应尽的职责”。豪斯后来成为惠普的高层主管。

六　交棒时刻

1968 年年底，刚被任命为美国国防部长的马文·莱德拜访帕卡德，邀请他进入尼克松下一任期的内阁，担任国防部副部长。基于爱国心和责任感，帕卡德接受了这项任命，即使这表示他在任期中，必须把惠普股份的所得，全数捐给慈善团体。同时这也表示，必须由休利特独自经营惠普，而那时正值公司面临许多严峻困难之际。

同舟共济渡难关

1970 年的惠普形势看起来的确十分严峻。美国经济正经历严重衰退，高科技行业都正处在产业景气循环中的衰退阶段。许多企业都缩减裁员，休利特则要求每位惠普员工减薪 10%，隔星期的星期五不用上班。如此一来，不景气的痛苦可以由公司上下共同承担，而不会全部落在生产线的基层员工身上。

休利特想出这个办法保住大家的工作，同时也希望公司所有员工能够一起想办法渡过眼前的难关。公司的工程师对此响应的方法是，提出源源不绝的新产品构想，让休利特一一把关和筛选。其中有项构想特别吸引休利特，就是研发高端的掌上科学计算器，这项构想比惠普目前的产品功能更强大。新一代的低功率集成电路使得这项产品构想有机会实现，但是当时其他公司的成本曲线在向下倾斜，倾向于推出愈来愈便宜的机器，在这种形势下，生产高端、高价的产品是相当冒险的。

逆势操作创造金母鸡

这款计算器的生产成本约为 350 美元，至少是当时市场上标准型计算器的 2 倍，大家都认定，这项计划会石沉大海。公司委托市场调查公司进行调查，报告中预测，这款研发中的计算器总销售量不会超过 1000 部。

关键思维

有天我的电话响了起来，休利特对我说："我们实验室正在研发一款计算器。"于是我跑上楼找休利特，他把市场调查报告给我看，报告结果建议我们不要生产这项产品，它的成本会比工程计算尺高20倍。然后休利特开口说："我就是想要一部这种计算器。"就这么拍板定案。

——比尔·泰瑞，惠普前测量仪器事业部副总裁

休利特不仅同意继续这项计划，还核定了一笔75万美元的预算，足以让这款计算器完成研发并且上市。休利特甚至参与这款新计算器的命名。大家原本考虑好几个名字，后来休利特建议叫做HP-35，因为上面有35个按键。

这款计算器一上市，即刻成为工程师必备的工具，畅销到销赃的黑市出现，专门转售偷来的HP-35。公司1个月卖出超过1万部HP-35，

而且如果产量能够增加，销量还会更高。这项产品在 1990 年停产，总计售出 2000 万部，成为惠普史上最畅销的产品。

创新的价值在市场

整个 70 年代，惠普持续推出功能更强大的计算器。事实上，惠普有位名叫斯蒂夫·沃兹尼亚克的年轻工程师，后来兜售自己的惠普科学计算机以及合伙人史蒂夫·乔布斯的厢型车，为后来的苹果电脑筹募资金。沃兹尼亚克在惠普工作 4 年左右，其实也曾对惠普的主管提出新构想，这个构想就是后来的苹果一号个人电脑，但是惠普当时觉得，公司并不想进入这块市场。惠普用尽全部心力，要让公司的科学计算器能够成功，根本没有足够的资源投入另一个完全不同的新产品领域。

惠普也不是每项产品都能变成金母鸡。公司曾研发并推出一款数位表，把所有惠普科学计算器的功能都整合进去，结果这项产品彻底失败。

有一段时间，公司在研发个人电脑生产线和迷你电脑产品时也相当辛苦，甚至要从客户那里，以免费的新电脑换回旧机型迷你电脑，直到所有问题都找出来为止。

整个20世纪70年代，惠普演变成规模更大、制度更完备的企业。惠普的基本原则——坚持以惠普之道的方式经营却丝毫没有改变，公司依然善待员工，但是也清楚表明，这种善待必须靠员工自己争取，不是自然而然就能拥有的权利。刚进入70年代，惠普是家美国本土制造商，主要生产测试和测量仪器，到了70年代尾声，惠普已经是跨国的制造商，主要生产资料处理设备。惠普在这段时间还学到另一项重要的教训，那就是不可能想象进入哪一块市场，就能实际进入那一块市场。相反，公司开始订出范围，找出公司希望在哪些领域进行创新和追求卓越。惠普希望能够创新，但是同时也意识到，创新必须通过市场考验，才能真正具有价值。

休利特任满退休

1976 年，帕卡德已经 65 岁，结束了他在政府的公职之后，回到惠普担任董事长。帕卡德担任董事长是符合公司规章的，因为公司没有规定董事的退休年龄，但是休利特的公司 CEO 兼总裁之职就要在 65 岁退休。1978 年，休利特也年满 65 岁了，于是就简单宣布，公司任命约翰·杨接任 CEO 兼总裁。

惠普对员工宣布这项人事安排的正式公告上，只简单写了几段话，公布杨的新头衔。休利特和帕卡德为自己创立的公司掌舵 40 年，要离开之际，并没有举办盛大的退休仪式，也没有洋洋洒洒列出两人的成就，只有一份简单的公告，就像公布新的人事安排，告知大家有位员工被升为部门快报的编辑一样。这就是典型的休利特和帕卡德风格。尽管这家公司后来还会追求更高的成就，但是这份退休公告仍然被视为惠普黄金时代的结束。尽管当时还看不出来，但不论是惠普还是其他企业，后来再没有经营出这样精彩的20年。

关键思维

1970年到1981年这10余年间，美国经济以两大衰退为主要标志，即剧烈通货膨胀以及石油危机。《财富》世界500强企业之中有将近30%都跌落榜外。在此同时，惠普的规模却从1.6万名员工、年营业额3.65亿美元，成长到年营业额36亿美元，员工将近6.7万名。惠普从原本以美国市场为主的企业，转变成跨国企业，全球的营业额开始超越国内的营业额。更令人难以置信的是，惠普在这段期间从生产测试和测量仪器的公司，转型成电脑公司。而且，转变过程中没有裁掉任何一位员工，员工士气也相当高昂。

——迈克尔·马龙

休利特和帕卡德退休后，依旧不得闲，忙于

各自的慈善基金会。帕卡德夫妇基金会成立于1964年，成立资金是10万美元，这个基金会在帕卡德退休时价值已经将近47亿美元，金额高居全美同类型基金中的第6位。同样，休利特夫妇基金会成立于1966年，休利特退休后开始关注并援助一些棘手的议题，例如人口控制、环境保护、学前教育和儿童的普及健康保险等。帕卡德捐助5500万美元，用于加州蒙特瑞湾水族馆的建设，随后又在该地建了一个海洋研究中心。两人给斯坦福大学的累计捐款都超过4亿美元，这大概是史上数额最大的教育捐款了。两人还筹募了将近910万美元，在斯坦福成立工学中心，并且用特曼教授的名字来为中心命名。

七　找回惠普之道

退休后的休利特和帕卡德很清楚，他们必须放手让杨自己学会扮演好 CEO 的角色。那时休利特的夫人刚刚过世，所以他休息了一段时间，缓和这件事对他的打击。另一方面，帕卡德则是到中国与中国政府会面。这是私人性质的拜访，却也为惠普打好基础，使得惠普将来可以在中国成功经营。

技术导向的不断蜕变

惠普在杨的领导下，继续向前迈进。然而，这家公司还是有一些独到之处值得一提。

在惠普，只要有一项业务逐渐失色，公司就会开发另一项新业务取而代之。鲜少有科技公司能够做到这一点，大多数企业都是随着创办时追逐的市场同步起伏。少数几家知名企业成功转型了1次或2次，例如英特尔从存储器转到微处理器，苹果则是从个人电脑转到消费娱乐装置。IBM经过将近1个世纪的努力，成功从办公设备转型到电脑再转型到资讯服务，因此值得众人称道。不过惠普的转型是独一无二的，开始时先是仪器制造商，然后变成电脑制造商，接着变成计算器制造商，从20世纪70年代末期开始，又成为全球打印机的龙头企业，后来甚至成为全球最大的个人电脑制造商之一。这还不包括惠普在其他规模较小的市场中，同样具有压倒性的地位，例如分析装置、光电和医疗监视系统等。上述种种在运营方向上，都称得上是相当巨大的转变，但是不同于其他大多数卓越企业的是，惠普努力不让经营转向失控的险恶局面，没有采取雷厉风行的斗争手段，也没有大幅裁员。到底这家公司是怎么办到的？惠普之所以与众不同，至少在成立的前50年，是因为公司会倾听基层员工的意见，而基层员工最贴近顾客。如果大家认为一项新构想确实大有可为，很快就可以传达到组织高层。而且，因为惠普是工程师主导的企业，公司最擅长的就是吸取新的技术构想，然后把构想实际化为产品。

杨在 1977 年接手经营惠普时，该公司年营收 14 亿美元，员工有 3.5 万名。到 1992 年杨退休的时候，惠普的营收已经达到 164 亿美元，雇用了 9.2 万名员工，成为当时全球规模最大的企业之一。

不适任领导人引发灾难

在杨之后继任 CEO 的是路·普拉特。普拉特不幸突然病逝之后，公司任命出身朗讯科技的明星卡莉·菲奥莉娜接任 CEO。菲奥莉娜掌管公司期间，惠普仿佛经历了一场灾难，因为她上任伊始，便出现动用 190 亿美元并购康柏电脑、毫不留情地裁撤超过 6000 名员工的惊人之举，并且大肆摧残公司的精神和行事风格。

2001 年秋天，形势一触即发。许多员工不满公司在菲奥莉娜带领下的发展方向，同时也突然发现并庆幸，由于公司 50 年来的制度，有将近 50％的股份都掌握在一般股东手上。员工找了休利特的儿子沃尔特和帕卡德的儿子大卫，请两人领头争取委托书，对抗并购康柏一案。委托书争夺战最后变成一场艰苦的战役，结果菲奥莉娜获得机构投资人的支援，在战役中胜出。但是大家也都看得很清楚，基层员工对菲奥莉娜的创新愿景并不买账。华尔街也注意到了这个状况，不断看空惠普的股票，于是董事会在 2005 年 2 月将菲奥莉娜解职。

后来公司任命马克·赫德接任 CEO，赫德立刻展开工作，并且强调惠普必须“从戏剧界回到企业界”。赫德巡视了公司的所有单位，除了和惠普的大客户会面之外，也和数千名员工座谈，然后才开始着手经营。

何时再创高峰

到了 2005 年 12 月，赫德回归根本的做法开始见到成效，惠普的股价虽然还是低于 2000 年泡沫经济时的高价，不过跟菲奥莉娜离开时比起来，增长了 65%。同时在个人电脑产业，许多业界大厂，尤其是戴尔电脑，开始遭遇困境，使得经营稳健、销售导向的惠普有机会大举抢占市场。到了 2006 年年中，惠普已经足以跟戴尔电脑竞逐个人电脑市场的龙头地位。

虽然在业绩上频频传出好消息，但是在赫德的领导之下，公司气氛距离休利特和帕卡德的时代还是有一段距离。惠普虽然再度成为了活力十足的企业，但还远远不是工作气氛 100%融洽的企业。在菲奥莉娜的时代，公司有许多传统文化都流失了，虽然她努力想要排除惠普之道，却只能勉强削减这种传统。惠普之道依然隐藏在公司资深员工的心中，隐藏在休利特和帕卡德的故事中，也隐藏在热心的惠普退休员工组织之中。如果说赫德还没有真正理解惠普之道，至少他愿意倾听；只要他倾听，最后就有可能了解。在现在这个流行时代，虚拟企业的市场会突然出现也会突然消失，员工可能分散在全球各地，而且从传统的办公室到自己所在地的星巴克咖啡店，都可以是工作地点。大家渐渐了解到，在这样的环境中，能够建立稳固而符合道德的企业文化，才能成为最有力的组织。这种企业文化具有向心力，能让各地员工都认同，能够授权员工在当下做出重要决策，而且决策完全由积极的运营目标所带动；运营目标先由组织高层制订，随着目标往基层的传递，目标就会逐渐具体。学术界、分析师和企业高层主管在思考这个问题的时候，都会发现自己观察到的就是惠普恒久远的企业哲学：惠普之道。

三双鞋

Delivering Happiness

A Path to Profits，Passion and Purpose

原著作者简介

谢家华（Tony Hsieh），毕业于哈佛大学，美国网络鞋店第一品牌“捷步”（Zappos）CEO，该网络鞋店已于 2009 年 11 月由亚马逊以 12 亿美元收购。1999 年，谢家华 24 岁时，他把和朋友合伙创办的公司“网络链接交换”以 2.65 亿美元卖给了微软。谢家华最初是捷步的投资人，后来当顾问，最终成为 CEO，亲身见证了捷步公司从 1999 年的草创到 2008 年成为年营收 10 亿美元企业的发展历程。2009 年，捷步获选《财富》杂志“100 家全美最佳就业企业”。谢家华亦与人合伙创办了企业育成暨投资公司“青蛙创投”。

本文编译：许恬宁

主要内容

轻松读大师

一　青春年少

得高分、拿学位、掌握乐器——这是美国的亚裔父母们最为在意的成就，但在谢家华看来：学乐器有什么好处？拿博士学位太辛苦！他从小就觉得唯一有趣的事就是赚钱。他高中做旧物拍卖，玩票发行报纸；念哈佛期间经常翘课，却成立了虚拟读书会以防挂科，在云端互通课堂笔记，还顺带拷贝卖给其他同学；盘下校园烧烤店，将1元的麦当劳冷冻汉堡加工后卖3元……由此可见，年纪轻轻的谢家华即崭露出超凡的生意头脑。

谢家华出生于美国伊利诺伊州，父母当年为就读伊大研究所自台湾移民赴美。五岁时，他父亲在加州谋得工作，因此谢家华随同迁居并成长于加州马林县的卢卡斯山谷。卢卡斯山谷位于旧金山北边，两地隔着金门大桥遥遥相望，因知名电影导演乔治·卢卡斯的公司坐落于此而得名。

谢家华的父母坚持他必须学会弹钢琴和拉小提琴，可是谢家华一点兴趣也没有，他实在看不出学这些乐器会带来什么好处。于是他常常在房间里播放事先录好的练琴曲段，让父母安心地以为他确实在努力练习，然后，他就可以悠然自得地将时间用来看书或杂志。

念书乏味，赚钱才有趣

谢家华的父母希望他念医学院，或至少拿个博士学位，但是他觉得这个期望听起来就很辛苦。谢家华觉得唯一有趣的事大概就是赚钱了。他做旧物拍卖，送报（后来算算时薪只有2块钱就不做了），尝试自己发行报纸且买了一个网页按钮制作程序。整个高中生涯，他不断尝试各种赚钱计划，虽然都是玩票性质。

高中毕业，谢家华申请了布朗大学、加州大学伯克利分校、斯坦福大学、麻省理工学院、普林斯顿大学、康奈尔大学、耶鲁还有哈佛大学——所有大学均向他伸出橄榄枝。他其实想去布朗大学，因为该校提供广告学专业，这一门学科至少听起来在商界有点用处。然而，他的父母认为哈佛才是最具声望的大学，因此最后他去了哈佛。既然选择了哈佛，他自忖就要好好利用它。

关键思维

我把行程表排成只有每周一、三、五的上午9点到下午1点有课，周二和周四完全空堂。在上课的日子里，早上8点钟的闹钟响是世界上最讨厌的声音。我会一次又一次按贪睡钮，告诉自己可以翘掉第一堂课，再跟同学借笔记来看就好，然后，过了一小时，我就会说服自己，既然这套逻辑对付第一堂课的成效甚佳，那么同理证明也可以用来对付第二堂课，因此我就把第二堂课也翘掉了。等到该上第三堂课时，我又找理由跟自己说既然翘了两堂课，再多翘一堂课也没关系。最后等到该去上那一天的最后一堂课时，我就会心想，既然其他课都翘了，干吗只去上一堂课呢？所以，基本上，大一那年我几乎没去上过半堂课。

——谢家华

为了拿到学分，谢家华加入了哈佛刚建立的“电子资讯分享社群”，该群成立虚拟读书会，让大家可以把笔记汇集在一起。谢家华把这些笔记编纂一番后，复印装订，然后以每份 20 美元的价格卖给其他同学。以这个方式，他不仅帮自己通过了考试、拿到了学分，还大赚了一笔。

批购 1 元麦当劳汉堡，3 元卖给哈佛同学

在哈佛的大三、大四学年，谢家华和印裔室友桑杰接手经营“昆西烧烤之家”，这家烧烤店在哈佛的“昆西之家”宿舍一楼，是学生们午夜聚集的场所。由于市政府规定禁止在校园附近设置速食店，因此谢家华常常搭地铁去最近的麦当劳，说服经理卖给他 100 套冷冻汉堡肉饼和面包，然后搭计程车载回学校的烧烤店去卖，学生们都很乐意花 3 块钱买一个送上门的汉堡，尽管它的成本只要 1 块钱。

天天往返麦当劳批货实在太过疲劳，于是谢家华和桑杰买了比萨烘焙炉，开始烘焙比萨卖给学生。他们最忠实的客户就是一个名叫林君睿的哈佛学生，他每晚都来买一个大号腊肠比萨。谢家华对他印象深刻，因为林君睿居然可以吃掉一个大比萨，直到几年后他才发现，林君睿只是把比萨拿上楼，然后一片片卖给室友们。林君睿最后成了捷步网络鞋店的首席财务官和首席运营官。

毕业在即，谢家华开始跟那些年年到哈佛招揽最优秀出色学生的雇主们洽谈。他的同学大部分都申请银行职员或管理顾问之类的工作，可是，他和好兄弟桑杰决定要去科技公司上班。两人都获得甲骨文公司的邀请，也都接受了工作。

关键思维

我拿到好几个不同的工作邀请，可是选择甲骨文是个再简单不过的决定，不只是因为他们给我的薪水最高（在1995年，年薪4万对一个社会新人算是高薪了），更因为他们愿意支付费用让我把大学几年累积的东西运到加州，还让我和桑杰在接受新职工培训的几个礼拜免费住公司宿舍。我觉得自己已经成功了。我已经赢了这场旁人评价念大学是否有意义的游戏：找到一份赚最多钱的工作。我把其他室友找到的工作拿来做比较，显而易见我和桑杰赚的钱比其他任何人都多。

——谢家华

二　初生牛犊

对谢家华而言，在甲骨文任软件工程师的工作闲到无聊，因此他开始兼营副业——与桑杰成立名为“网络营销服务”的公司帮人架设网站。随之他们辞去甲骨文的工作，专营自己的公司，但生意清淡，于是他们另创“网络链接交换”公司，做网页广告中介。网络链接交换成长速度惊人，经营仅短短2年，雅虎、网景和微软便竞相标购，最后被微软以2.65亿美元并购。

毕业后短短几个月，谢家华就开始在甲骨文上班了。为期3周的新进员工培训计划其实是一套数据库程序设计的速成课程。培训结束之后，谢家华被派去做技术品质保证和回归测试，结果，这些测试写程序只需花5分钟，但要花3小时才能跑完，而这些测试在跑的时候，谢家华无事可做，因此他很快就养成这样一套例行公事：

上午	10:00—到公司上班，坐到办公桌前，开始跑某个预定的测试。
	10:15—查看电子邮件，寄信给朋友。
	11:30—回家吃午饭，睡个午觉。
下午	1:45—回办公室，查看第一个测试的结果，接着开始做另一个测试。
	2:00—看电子邮件，寄信给朋友。
	4:00—下班回家。

谢家华在甲骨文的正式职务是“软件工程师”，年薪 4 万美元，他当然觉得自己谋得肥缺很走运，可是同时又开始寻找晚上和周末可以做的副业。

创立 IMS 帮客户架设网站

当时有个叫“环球信息网”（World Wide Web，WWW）的东西愈来愈受欢迎。桑杰很擅长平面设计，因此谢家华他们觉得或许可以帮其他公司和企业架设网站什么的。

创立自己的副业听起来就很好玩。谢家华和桑杰决定把公司取名为“网络营销服务”

(Internet Marketing Solutions，简称 IMS)。他们架设了自己的网站，在公寓里加装了一条电话线，又去印了一些自己做的名片。一切就绪，就等着和客户签约了。

谢家华和桑杰的营销策略很简单：登门拜访当地的商会，免费帮它架设网站，然后拿其当资历证明，尽可能和更多的当地企业合作，帮它们架设网站。过了几个礼拜，当地商会采纳了这个点子——这也不算意外，因为商会可以免费得到一个网站。网站在一个月内架设完成，过了两个月，IMS 签到了第一个付费的客户——一家当地的购物中心同意支付 2000 美金给 IMS 去设计、运行和管理它的整个网站。

受到第一个成功案例的鼓舞，谢家华和桑杰决定辞掉甲骨文的无趣工作，这样才能有更多时间经营 IMS。对于如何推销和拓展公司，两人都毫无概念，可是他们认为这一行必然有一些冒险奇遇。

结果，谢家华和桑杰预期的冒险奇遇并没有自动发生。他们干坐在公寓里，偶尔做一点网站设计，不时出去跑业务，想多揽一些生意。过了第一个礼拜谢家华才猛然明白，他们两个其实对网站设计都没有那么大的热情。他们热爱拥有和经营自创企业的想法，可是现实却不如想象中那么有趣。接下来的几个星期过得既辛苦又有点沮丧。

经营新公司 ILE

日子太无聊，这两个好兄弟想出了一个叫做"网络链接交换"（Internet Link Exchange，简称 ILE）的点子。这个构想很简单，网站的拥有者可以在 ILE 上注册，让其他人到自己的网站上放网页广告，从而使自己的网页广告可以刊登在其他人的网站上。ILE 的角色有如网页广告中介商，促使广告在 ILE 已收入的各个网站上轮番刊登。倘若一切如愿，ILE 终会茁壮到足以向大型企业卖广告。

谢家华和桑杰只花了一个周末就写好了 ILE 的程序，并给大约 50 个小型网站发出电子邮件，邀请对方注册成为会员，出乎意料，竟有超过半数都同意了。借着这个良好开端，ILE 一飞冲天。接下来几个月，ILE 成长速度惊人。

谢家华和桑杰夜以继日地埋头苦干，用一半时间写电脑程序，另一半时间回复客户电子邮件。幸好有个从外地来访的朋友决定伸出援手，最终他再也离不开了。对谢家华他们而言，那真是一段刺激、有趣、神奇又超现实的时光。他们知道自己正在做一项大事业，只不过不知道最终它会是什么样子。他们忙得没日没夜，真的搞不清“今夕是何年”了。

很快过去了 5 个月，这时，有个自称兰尼的纽约人打电话给谢家华和桑杰，问他们是否愿意出售 ILE。他愿意出现金 100 万，条件是谢家华和桑杰要搬到纽约继续发展 ILE。这个价码把两个合伙人吓傻了，也促使他们决定，要卖就卖

200 万，每人分 100 万作为辛苦 5 个月的回报。兰尼拒绝了他们的条件，并客气地祝他们顺利。

受到这个出价的激励，谢家华和桑杰更加认真构建 ILE。他们招揽新合伙人，开始雇用一些员工。到了 1996 年 12 月，他们已经在旧金山拥有一间办公室，旗下有 25 名员工。后来，他们接到了一通有趣的电话，雅虎的合伙创办人杨致远想跟他们见面。

谢家华满心希望可以和雅虎做一笔广告生意，以大幅拉动公司的业务成长。结果却是杨致远没兴趣做广告生意，他意在买下 ILE 并且愿意支付 2000 万美金。

众家竞标 ILE

谢家华与合伙人们前思后想，几经考虑，得出一个结论：他们热爱打造 ILE，放弃这个事业，再去另找一家能激起热情的公司似乎很不明智。他们也觉得，ILE 还有很大的成长空间，因此回绝了杨致远提出的条件，大家继续埋头苦干。不过，他们也够精明，了解要让公司茁壮就需要一点挹注，因此将 ILE 的 20％股份以 300 万美元卖给了创投公司“红杉资本”。

随着 ILE 引进的网站愈来愈多，广告商也开始大量加入。谢家华知道，他们将需要更好的财务制度，因此他联络了哈佛比萨迷老友林君睿。1997 年初，林君睿正在斯坦福大学攻读统计学博士学位，他答应出任 ILE 的财务副总裁。

接下来的 17 个月，ILE 所有人都睡得很少。公司飞速成长，人力急速增加。租来的办公室已不够使用，ILE 开始扩充到其他楼层，甚至还在纽约和芝加哥成立了业务办事处。

如此焚膏继晷、耗尽心力地推动 ILE 成长，终究得付出代价，大约到了 1998 年年中，谢家华渐渐觉得疲于经营这家公司，该是开创新东西的时候了。他们针对公开募股的可能性已经做了一些基本功，但没什么成果，于是决定 ILE 应该寻求“夹层融资”——比公开募股层级低一点的一种带赎金优先股。

关键思维

之前两年我们已经和雅虎、网景和微软建立了相当好的关系。这些公司都对我们的业务相当感兴趣，也思考建立策略联盟的可能性。而出乎我们意料的是，这三大企业都表示有兴趣投资我们的夹层融资计划。更令人惊讶的是，网景和微软都说它们更有兴趣直接买下我们公司。我们告诉它们价码至少要 2.5 亿美元。我也搞不清这个数字是怎么算出来的，但是我觉得听起来挺不错，而且网景和微软都说要再谈，我想这大概是个好兆头。结果两家公司争相出价竞标，最后是微软出了最高价——2.65 亿美元。

——谢家华

三　Zappos 萌芽

卖掉 ILE，谢家华选择另辟天地。他向熟人募集了 2700 万美元，成立“青蛙创投”。之后接到尼克·斯威姆来电，获悉鞋业利润惊人，因此决定投资斯威姆的网络鞋店，并重新命名为“Zappos.com”。尽管市场巨变，“青蛙创投”经营不顺，但谢家华要向全世界证明 ILE 的成功并非运气所致，他要在 Zappos 上大展身手。

成立青蛙创投，提供 Zappos 种子基金

1998 年 11 月，微软正式签约并购 ILE。公司的三位原始创办人谢家华、桑杰和阿里只要继续待在 ILE 满一年，每人即可分得 4000 万美元，如果不行，就会损失 20%，也就是少拿 800 万。尽管诱惑这么大，谢家华还是只在 ILE 继续多待了一两个月，他宁可舍弃 800 万而用自由的人生

去做别的事情，于是在1999年初，他挥挥衣袖离开了。

谢家华四处寻找有趣的事情来做。他去找ILE的离职员工们，告诉他们自己想要创办一家创投暨企业育成公司。一个在大学时期养了一只宠物青蛙的同窗朋友挑战谢家华，问他敢不敢将新公司命名为“青蛙创投”，谢家华二话不说就用了这个公司名。他从熟识的人脉中募集了2700万美元，他的大学老友林君睿也同意加入。

有一天，谢家华接到一个语音留言，有个自称尼克·斯威姆的人说他刚架设了一家网络鞋店“shoesite.com”，他想要做鞋店中的“亚马逊”，创建全球最大的网络鞋店。对谢家华而言，这听起来就像广告海报里的年轻人出了个网络馊主意。谢家华走向电话机正打算删除留言时，斯威姆抛出了几个统计数字：鞋子在美国是一个营业额高达400亿美元的产业，其中5%来自纸质邮购目录，这也是鞋业成长最快速的一块。谢家华很快地算了一算，发觉5%相当于20亿美元。

林君睿和谢家华见了斯威姆。斯威姆年纪轻轻，并对这个点子很狂热，热情到他甚至已经买下了“shoesite.com”这个网域名称并开始运营了。他其实没有任何库存，但是他走访当地实体鞋店，拍下存货照片，贴到网站上。一旦有人下订单，他就去实体鞋店买鞋寄送给买主。最有意思的是，即使做法这么“基本”，大家也已经开始跟他买鞋了。

林君睿和谢家华建议斯威姆应该雇用有鞋业工作经验的员工。几周后，斯威姆过来说，他找到了一个名叫弗雷德·莫斯勒的家伙，此人在高档百货公司诺德斯特龙的男鞋部门工作，有兴趣加入网络鞋店。林君睿和谢家华又建议要取个不同于“shoesite.com”的名称，这样才能将业务扩展到其他商品范畴，而不受限于只能卖鞋子。斯威姆听进去了，回去想出了新名字“Zapos”，大致上根据西班牙语的鞋子一词“zapatos”而来。为了避免发音混淆，谢家华建议应该多加一个“p”，于是“Zappos. com”问世了。

谢家华和林君睿同意拿出足够的种子资金挹注 Zappos（捷步），用来聘雇员工和支付足以到 1999 年的薪资。这个做法是想把公司成长维持到足以吸引类似红杉资本这类创投公司的规模。

屋漏偏逢连夜雨，红杉资本决定不投资

投资之后的头几个月，谢家华和林君睿并没有花功夫投入捷步的运营。他们总共做了 27 项不同的投资，大约每隔两个礼拜就会视察每一家公司，包括捷步在内，看看它们的进展。偶尔他们会给主动询问的公司提供发展建议，可是大多数时间这些公司都忙着自行运作。

27 项创业投资很快就用光了青蛙创投的资金。等到谢家华和林君睿试图寻找计划中要筹措的下一笔 1 亿美元资金时，市场已经起了巨变，网络公司股价大跌，“九一一”事件和经济衰退接踵而至。没有人有兴趣把钱投入创投基金，因此青蛙创投面临断炊之苦。更糟的是，1999 年底，红杉资本公司回绝了对捷步的投资，因为对方认为这家网络鞋店充其量只是个小玩家，永远不会有大发展，前途看来一片黯淡。

关键思维

当时我人在纽约，拼命参加各种展示会推销捷步这家公司，并且跟更多鞋商签约。我们竭尽所能，简直等于在吆喝叫卖，指望着斯威姆来电通知捷步可以活下去。我正在一家餐馆吃晚饭的时候，斯威姆打电话捎来消息：红杉资本决定不投资了。回到加州，斯威姆和我打电话给一家又一家创投公司，试图募集更多资金，可是没人愿意投资。我们知道自己已经铆足了全力，也知道销路不错，但结果并不尽如人意。那天下午我们正在打包时，接到了一通意外的电话。谢家华打电话来，他决定加码投资 3 到 4 个月，条件是：“你们必须搬进我在旧金山的阁楼，而且我要多介入公司业务。”我们打包好搬了家，接下来的一年，谢家华会以4个月作为一个投资周期，直到他决定是否值得做下去的那天为止。我们很幸运，他信守承诺。因此在每4个月为一期的运作中，我们埋头苦干，看看是否能获得下一次4个月的养分，再继续苦干想拼出一番成绩。那一整年，我们就是在吆喝叫卖中度过。

——佛雷德·莫斯勒，捷步的第一位员工

我打从心底相信捷步很有机会成功。我觉得我要证明给自己和红杉资本公司看，ILE的赚钱并非侥幸，也非走运而已。我要向全世界证明我可以再一次成功。因此我决定脱下投资人和顾问的帽子，再次戴上企业家的帽子。那一年后期，我全职投入捷步。我迫切想向每个人证明他们错了。

——谢家华

四　赌上一切

市场走衰，公司困兽犹斗，力图生存。捷步员工陆续离职，留下来的被要求减薪来为捷步挹注现金流。谢家华抛售自己名下所有的房地产来换取资金。为了增加老客户的回购率，捷步投入更多心力来提供更好的客户服务；为了扩展业务，公司成立自己的仓储，不再由供应商直接出货给消费者。一切朝实现2010年营收10亿美元的目标奋进。

抛售私人资产，赌上一切

谢家华继续每隔几个月就投入一些私人资金，可是他知道这样做是难以为继的。公司每个月依旧亏损太多现金。谢家华的私人银行账户渐渐枯竭，他开始卖掉名下拥有的房地产，换取资金投入捷步。即使会影响公司的成长，谢家华还是决定要删减大部分营销费用，重新把焦点放在“吸引老客户回娘家”上，增加回购率。这个决定迫使他们投入更多心力来提供更好的客户服务，他们的当务之急就是让捷步活下去。

经营的头几年，捷步的线上销售都是采用直接货运，也就是让供应商直接出货送交消费者。但现在情况有所不同，如果要扩展业务，公司显而易见得自己成立仓储，拥有自己的库存。此外还需要在某些地方成立自己的实体鞋店——虽说销售量绝大多数来自网络，但唯有这么做才能说服更多品牌供货给捷步。

为了资助这项“赌上公司”的新计划，谢家华决定抛售自己所有的一切，将资金全部投入捷步。他的朋友们都劝他不要这么做，可是他认为到现在已经不能回头了。他若不赌上一切筹码背水一战，公司很快就会关门大吉。

计划必须付诸行动，于是公司的接待区改装成迷你鞋店，已离职或遭遣散员工留下的办公室空间则用来展示了大约5000双鞋子。旧金山北边约2小时车程的威洛斯有一间家庭式小鞋店，老板正打算退休，于是捷步花少量现金买下了这家店。一夕之间，捷步可以接触到的品牌多了一大堆，更妙的是，鞋店的对街就是一座废弃的百货公司大楼，租下后可以存放5万双鞋。

成立仓储，业绩成长4倍

从加州威洛斯的仓储做陆路运货并不理想，因为商品要7到8天才能送达东海岸的客户手上。因此，当一家总部位于肯塔基州UPS世界转运中心隔壁的物流公司找上捷步时，分散仓储听起来是个很棒的点子。通过新的仓库，大多数客户可以在2天内就收到订货。捷步签了使用新仓储的协议，并做了一份缜密的运作计划，用5辆双轮半拖车载满鞋子，从加州运送到肯达基州的仓库。途中，其中一辆半拖车翻车，捷步登时损失了价值50万美元的20%的货。货车司机虽毫发无伤，但却花了好几个礼拜处理善后事宜，另外运送一批商品给订货的客户。

谢家华以跳楼价变卖资产的行动依照计划进行。由于急于脱手，大多资产都以短短几年前购入价格的 4 折卖出，而他把换来的每一分钱都投到了捷步。想想看，当初微软收购 ILE 后，他没有继续待在 ILE 所损失的数百万美元，可能在这节骨眼上会发挥一定用处。

2000 年，捷步的营收是 160 万美元；2001 年则增长到 860 万美元。到了 2002 年，捷步的营收已经高达 3200 万美元，几乎是 2001 年的 4 倍。这种结合供应商直接送货和自有仓储出货的新商业模式，令每个人都感到振奋，但谢家华他们也知道自己在走钢丝。漂亮的业绩让捷步在烧光现金之前有一段喘息的空间，也让他们能够有机会和供应商洽谈延长付款期限。

每个人都感觉得到：捷步正处于一个转折点。接下来的一年不管发生什么事，其结果不是成就捷步，就是压垮它。

舍弃直接出货利润，以客服打响品牌

这段时期，对捷步要以什么特点来打响名号，公司内部提出了很多想法。最终大家都同意要把捷步打造成具备一流客服的品牌。为了符合这项以客为尊的品牌理念，公司决定不再销售那些由制造商直接出货、却不一定符合客户期待的商品。这项决定在当时是相当大胆的，因为直接出货的销售额占了营收的25%，可是大家决定，公司要说到做到，就必须忍受前期的业绩骤减。

厂商直接出货这种模式可以轻松赚钱，因为捷步不必背负存货压力，也没有库存的风险或现金流的问题，但是也有弊端，他们经常要面对太多客户投诉的问题。如果想要把捷步打造成为真正的最佳客服品牌，那么早晚得摆脱厂商直接出货。谢家华也知道，公司成长愈大，就愈会依赖厂商直接出货带来的现金流。永远不会有摆脱它的好时机。扣动扳机的等待时间愈长，就会有愈多员工对公司失去信心。所以，2003年3月，捷步从网站撤掉了所有厂商直接出货的商品。

这个阶段，捷步现金拮据到每个礼拜高层管理团队都得集合开会，研究必须按时给哪些供应商付款，哪些供应商对延迟付款的抱怨会最少。捷步此时也正跟一家新银行洽谈信用贷款，而当时情况就像要杂技变戏法：就看是信用贷款先核准发放，还是应付账款先压垮捷步。所幸，2003年6月，银行通知捷步已通过核贷600万美元。公司因此得以付清所有供应商的账款，并能重新专心经营远大的目标，而无需担心能否担负得起下周的开销了。

五 拉斯维加斯

2003年捷步以7000万美元营收收官，2008年达成10亿美元营收——比原先设定的目标完成时间提早了2年。人们认为捷步惊人的成绩，来自送货退货免运费、退换货期长达365天等客服模式的创新，但是这些创新措施的背后，是谢家华等公司元老对客户服务、公司文化和人力培养等经营理念的坚持，而这是无法复制的。

2003年，捷步创造了7000万美元的营收，这甚至超出了它自己的预估。旧金山已不再是公司运营总部的理想地点，这一点逐渐明显。为了提供最佳的客户服务，捷步想要自己成立客服中心，而非将此部分外包到印度和菲律宾。不过，加州人多半认为在客服中心工作只是临时差事，帮助他们暂时渡过难关罢了，没有发展的前景，因此，想更好地发展客服业务，公司非搬迁不可。

捷步的原初计划只是要设立一个卫星客服中心，可是愈想就愈发觉，如果那样做，行动就难以符合公司的承诺。要把捷步打造成享有最佳客服口碑的品牌，就必须确保客服就是公司的全部，而非只是一个部门。捷步已将客服中心重新命名为“客户忠诚团队”，但必须把整个总部从旧金山迁到任何可以扩建客服中心的地方。最后公司决定，搬到拉斯维加斯对捷步最好。它不是最省钱的地点，但它会让公司现有的员工最快乐。

做出赞叹，送达赞叹

当时捷步的 90 名员工，有 70 名同意从旧金山搬到拉斯维加斯。这令人非常开心，因为它显示了员工的忠诚度，同时也衍生出另一个好处。

关键思维

事后回顾，虽然一切显而易见，但搬迁到拉斯维加斯的最大好处是人生地不熟，除了在公司内，没有人有任何其他朋友，因此若想去外面闲逛玩乐就不得不找同事做伴。那是一段热血的时光。我们所有人一起共同展开人生新的一页，发展出新的社交网络。在旧金山，我们总是说文化对公司很重要，原因主要是不想重蹈过去在ILE时期的覆辙，那时的公司文化糟透了。如今来到拉斯维加斯，没有其他人可以依靠，只能互相支持，此时，文化就变成了我们的当务之急，甚至比客服还重要。我们认为，如果建立起对的文化，那么自然而然就会建立起一流的客服品牌口碑。

——谢家华

迁到拉斯维加斯之后，捷步格外认真看待它的任务：做出赞叹，送达赞叹。为了具体完成这个任务，捷步团队采取了几项初步行动：

❶ 建立核心价值
❷ 发行“文化手册”
❸ 发行“尽管问”月讯
❹ 开始投资员工
❺ 通过客服专注打造品牌

（1）建立核心价值。

公司成长快速，又有大量新员工加入，因此必须清楚定义捷步的内涵，让每个人观念和行动一致。初步尝试做这项决定时，向员工们征集了37项核心价值。37项未免冗长沉重，因此前后花了1年时间，经过每一位员工参与数轮投票，这份清单最终浓缩成捷步的10大核心价值：

◎通过客户服务送达赞叹。

◎拥护并推动变革。

◎创造欢乐和一点点古怪。

◎敢于冒险，有创意，思想开明。

◎追求成长，不断学习。

◎用沟通建立坦诚的关系。

◎建立积极的团队和一家人的精神。

◎以小博大。

◎热情而果决。

◎谦逊。

接下来，把这些核心价值用电子邮件发送给全公司。新加入员工都必须签署一份文件，声明他们已经读过核心价值，并且了解实践这些价值是职责的一部分。所有例行工作评鉴都会核检每个员工的所作所为是否符合捷步的核心价值。

关键思维

在捷步，我们的哲学是，假如相信长期利益是值得的，那就要心甘情愿付出短期的牺牲（包括牺牲营业额或利润）。保护公司文化与坚守核心价值就是长期利益。

——谢家华

（2）发行“文化手册”。

在许多企业里，核心价值是听起来很崇高的理想，崇高到说过后就不了了之。捷步不来这一套。为了实践核心价值，公司印发了《捷步文化手册》。

每一年，员工们都会受邀撰写 100 字到 500 字的感想，叙述捷步文化对自己的意义。这些短文会被编入《捷步文化手册》，除了校对错别字之外，完全不加其他编辑痕迹。员工们可以畅所欲言，也可以匿名针砭。

年复一年，随着《捷步文化手册》的发行和流传，也记录下捷步这家公司的更替演变。每个人的参与不仅使手册具有全面性，也传达了一些令人印象深刻的好处：

◎每个人在撰写他们对捷步文化感想的同时，会思考公司的价值，以及这些价值在日常生活中具有什么意义。这是将活力注入公司文化的一个绝佳方式。

◎每年都给员工一个新版的文化手册，这可以燃起大家的高昂热情。员工们会更加尽心做出符合公司价值的好东西。

◎文化手册可以给信赖公司品牌的热情宣传者一个具体的操作平台。

◎它是向供应商、合作伙伴和顾客传达想实现何种目标的一个绝佳渠道。

◎文化手册可以创造意象和心理关联，把公司的价值生命化、品牌人性化。

◎你的文化手册将会是独一无二的。它像是公司的指纹，无人可以复制。

◎历经多年，持续出版的文化手册将会记录下公司内发生过的所有变革，让你得以看出你想要的变革产生了何种影响。

（3）发行“尽管问”月讯。

捷步鼓励员工每月给高层管理团队发一封电子邮件，提出任何想问的问题。这些匿名的问题会被编成一份清单，再附上答案，通过电子邮件发送给全公司。

（4）开始投资员工。

许多企业喜欢说，员工是它们的最重要资产。这种说法有几个问题：其一，一旦有人离职，你就失去了一个资产。其二，如果公司成长了，总有一天某个员工可能会赶不上公司的成长，因为他的技术仍停留在当初进入公司时的水平。当发生这样的情况时，通常很多公司的解决之道就是从外界招揽一个较有经验的员工，但这样一来又形成第三个问题：新进员工往往与公司文化格格不入。捷步对此有另一套哲学：公司不把个人当作资产来关注，取而代之的是在每个部门建立人员供应线，视这条供应线为资产。线上人员既包括刚入门的新手，也包括高级管理阶层，他们技术和经验各异。捷步的想法是将所有员工视为新手，公司要提供所有必要的训练和指导，好让每一个员工都有机会在 5 到 7 年之间成为高层领导人。捷步的目标是让员工们把工作当作个人使命，而不是一份可以敷衍的差事或得过且过的事业。

为了建立源源不断的新秀供应线，捷步实施了一些有趣的措施：

◎大多数新进员工都是新手，他们要参加为期 3 年的培训课程，先接受训练、认证，再逐步被赋予较重的职责。

◎员工们定期会接到较具挑战性的任务，以此增进个人的成长。比方说，在商品部门里，经过挑战任务的洗礼，新手员工会变成助理采购，接着升为采购，再晋升为资深采购、主任，最后成为副总层级的人才，完全视能力而定。

◎捷步的内部人员培训团队会给员工提供范围广泛的个人培训课程。目前有超过 30 种课程，包括新任经理人培训、公开演讲、时间管理，以及进度计划工作室。员工要花大约 7 年时间，才能修完所有课程。

◎捷步计划给有可能加入公司的员工提供长

达 4 年期的课程。并将这些课程与暑期实习相结合，希望通过这样的方式，能持续不断有新人才愿意加入捷步。

从企业的角度来说，这种着眼于人才培养的新秀供应线也带来了一些实质利益：如果某个员工离职了，他的上面永远有个掌控全面工作的资深者，他的下面也永远有个受过训练的人可以接手，人员供应线提供了极佳的备用人力。此外，由于给员工提供了充裕的训练和获得新技术的机会，捷步的长期竞争优势大于其他企业。捷步登上《财富》杂志“100 家全美最佳就业企业”榜单，其实并不令人意外。

（5）通过客服专注打造品牌。

多年来，驱策捷步成长的首要因素，就是回头客和口碑。公司的经营哲学一直是：把大部分原本要砸在付费广告上的钱，投资在客户服务和消费者体验上，让顾客为公司做口碑营销。

怀着这样的想法，捷步提供一流客服的一些

做法着实令人佩服：

◎提供送货、退货双向免运费——让交易容易达成，且顾客零风险。

◎提供365天退换货服务，让有疑虑或犹豫不决的顾客放宽心购买。

◎将客服中心的电话放在每一网页的顶端，因为捷步实际上希望顾客打电话。客服中心全年无休。

◎仓储运作全年无休——这表示顾客在午夜订货，8小时后货品已送到家门口不足为奇。这全是为了创造口口相传的“赞叹”体验。

◎捷步的员工积极寻找各种理由让顾客的订单得以升级为免费隔夜到货。同样，员工也会想办法让顾客成为VIP，也就是往后所有订单都能取得免费隔天到货的资格。

◎大多数企业评鉴客服人员的标准都是看“平均处理时间”，也就是每个客服代表每天能处理多少通电话。捷步完全不用这个数字。事实上，捷步甚至不记录每通顾客来电花了多少时间处理。客服代表没有对话脚本，但都被要求做到超过分内该做的程度，以让顾客开心。

◎如果顾客来电要找某个特定商品而捷步正好缺货，训练有素的客服代表会至少搜寻 3 家竞争对手的网站，看看对方是否有这件商品。如果有，客服人员会指引顾客向竞争对手购买。

10 **法则致力开发顾客**

简言之，捷步要尽其所能终生致力于开发顾客。它的 10 大客服法则有效又有趣：

◎把客服当作全公司的第一要务，而非单一部门的事。客服的态度必须从上而下逐级贯彻。

◎把“赞叹”当成公司的日常词汇。

◎授权并信任客服代表。相信他们会提供最佳服务，因为他们确实如此。尽量不把问题呈报给主管处理。

◎如果顾客贪得无厌或辱骂员工，可以不惜“开除”顾客。

◎不计算来电次数，不强迫员工扩大推销周边产品，也不用推销脚本。

◎不隐藏免费客服专线号码。它不仅是一种传递给顾客的信息，也是一种传递给员工的信息。

◎每通来电都视为建立客服品牌的投资，而不是要缩减的开支。

◎让全公司都为一流的客服喝彩。在公司内部广泛宣传顾客“赞叹”的经验。

◎寻找并雇用对客服原本就充满热情的人。

◎把一流的服务带给每个人：顾客、员工和供应商。

关键思维

太多公司企业认为客服中心是一笔应该缩减的开销。我们则相信，对大多数公司而言，它是个未经开发的庞大商机，不仅因为它可以创造口口相传的营销，也因为它有潜力增加“顾客终生价值”。通常，营销部门在计算投资报酬率的时候，都假设顾客终生价值是固定不变的。我们则将顾客终生价值视为动态目标——只要我们能通过每一次的互动，创造更多顾客与自家品牌的正面情感联系，它就是可以增加的。

——谢家华

业绩成长 3 要素

总之，捷步在搭建一个平台，这个平台会驱使未来的业绩成长基于以下 3 个关键要素：

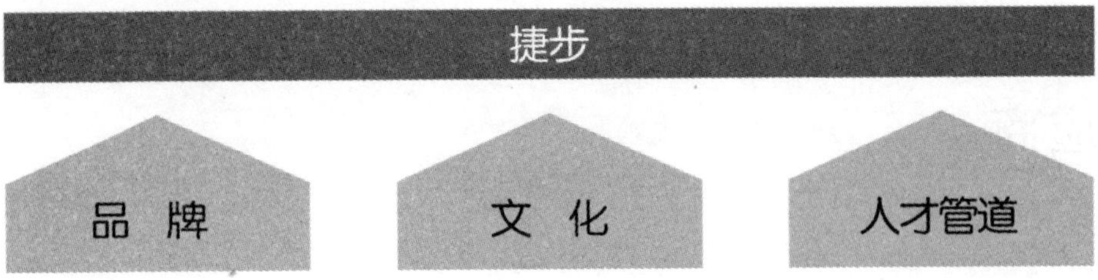

◎捷步在打造一个充满生机与活力的品牌，而这个品牌的核心，是公司对提供一流消费者体验的执着。

◎捷步已用它的 10 大核心价值来定义公司文化，并持续寻求更好的新方法来强化这个文化，将它灌输到每一次的顾客互动上。

◎捷步在积极建立一个人才供应线，它会不断地供应有心实践公司文化的新秀，且培养他们，使之能够在公司内逐级晋升，人尽其才。

关键思维

之后数年，我们专心致力于改善顾客体验，强化我们的文化，投资员工的个人和专业发展。我们的业务持续成长，主要的动力来自回头客和口碑。最后，红杉还是投资了捷步。林君睿搬到拉斯维加斯，担任全职的首席财务官，我们成立了董事会，富国银行联合其他两家银行将我们的信用额度提高至 1 亿美元。在这么短的时间内，从濒临关门到如此的快速成长，我们心中五味杂陈。我们当时并不能体会到，是所有投入客服和公司文化的辛苦和资金，为我们铺就了康庄大道：在 2008 年达成 10 亿美元营收——比原先设定的目标提早了 2 年。即使到今天，我们仍相信品牌、文化和新秀供应线是我们在长期竞争中唯一的优势，其他种种都可以被复制仿效，而它们却独一无二。

——谢家华

如果你的优先要务超过 3 个，那么等于 1 个也没有。

——吉姆·柯林斯，《从 A 到 A^{+}》作者

六　10年收获

达成10亿营收目标和登上《财富》杂志“100家全美最佳就业企业”金榜，引发大部分董事要求实行金融市场退出机制。长期投入心血的谢家华、林君睿和弗雷德等决定收购管理阶层，而亚马逊适时提出三赢方案，百分百收购捷步，但维持它的独立运营，继续按照它想要的方式打造捷步文化和事业，把快乐送到全世界。

假如你尽心尽力让产品或服务持续不断令顾客赞叹不已，最后媒体终会发现这件事。你不需要花一大堆力气去做媒体公关，只要你的公司送出一流的产品或体验，自然就会创造出令人感兴趣的故事。

2009年初，差不多在捷步达成10亿营收目标的一个月后，公司登上《财富》杂志的“100家全美最佳就业企业”金榜。这些成就引发了董事会的热烈讨论。大部分董事，特别是红杉创投指派的代表，都想要一个金融市场退出机制。相反，谢家华想要的却是持续打造公司。他们胼手胝足持续投入心血，就是要把捷步视为改变世界的理想方法，这是他们的职业志向。因此，他们决定要收购管理阶层——这表示他们得筹款2亿美元才能买下其他股东和董事的持股。

亚马逊买下“鞋业亚马逊”，继续送达快乐

大约就在此时，亚马逊的CEO贝佐斯找到了谢家华。多年来他和捷步有断断续续的联络，很喜欢捷步所做的事情。随着两位CEO展开对话，一个理想的构想开始浮现，就是亚马逊百分百收购捷步，以亚马逊现有的资源来做它的后盾。捷步仍旧是个独立运营的股体，也将持续按照它想要的方式打造捷步文化和事业，而不会有董事会带来的干扰。

亚马逊的构想是皆大欢喜的三赢局面：对亚马逊好，对捷步的董事会和股东好，也对捷步员工好。捷步可以继续迈向长期愿景，并且照捷步希望的方式来打造公司文化和事业。倘若不是亚马逊，谢家华不知道要如何解决董事会意见分歧的问题，双方可能仍陷在僵局里。可是如今结果证明，原本以为是扣分的事情，最后却成了加持。

交易在 2009 年 10 月 31 日定案，亚马逊最后花了 12 多亿美元买下捷步。在《财富》杂志发布的 2010 年“100 家最佳就业企业”中，捷步名列第 15 名——比前一年跃升了 8 名。

巴菲特也会错

你所不知道的巴菲特

Even Buffett Isn't Perfect

What You Can - and Can't - Learn from the World's Greatest Investor

原著作者简介

瓦罕·简吉恩（Vahan Janjigian），毕业于美国维拉诺瓦大学和弗吉尼亚理工大学。简吉恩现为福布斯投资人顾问中心副总裁及执行董事、山景投顾投资委员会委员、《福布斯》杂志首席投资策略师、《福布斯成长型投资人》及《福布斯特殊状况调查》等投资快讯编辑，经常在《福布斯》杂志及其官方网站发表文章。

本文编译：黄玩

主要内容

主题看板

巴菲特的优势

巴菲特具有一般投资者所没有的两大优势。首先，巴菲特在进行大型投资时总能获得有利的条款。如果没有伯克希尔·哈撒韦投入的巨额资金，这类交易是很难达成的。因此巴菲特能跟电信公司 Level 3 和能源公司 Williams Cos. 等上市公司先达成私下交易。这些公司乐于看见伯克希尔·哈撒韦的加入，也会主动促成交易。巴菲特喜欢收购拥有优秀管理者的公司，让他们继续自行管理企业，这种策略帮助巴菲特完成了难以计数的投资。

巴菲特的另一项优势是，伯克希尔·哈撒韦业务和投资实力的核心在于保险业务。巴菲特相当善于使用各类保险的浮存金进行有利可图的投资，他也能让精妙的保险业务自我经营。

经历了 2005 年飓风袭击后，美国保险业的保费普遍上涨现象更让伯克希尔·哈撒韦受益匪浅。回顾灾难频发的 2005 年，伯克希尔·哈撒韦旗下的 GEICO 车险事业在人员精简了 4% 的状况下，保单成交数仍逆势增长了 26%，交出了短短两年内生产力大幅提升 32%的成绩。

巴菲特曾说："就算只拥有世界上最大、最珍贵的深蓝色钻石希望之星的 1%，也远远胜过拥有一颗 100% 的人造钻石。"巴菲特宁愿用不合理的价格购买优良公司的股票，也不愿用很便宜的价格购买可疑公司的股票，他真正寻找的是价值被低估的股票。巴菲特眼光独到的投资策略，就如同 19 世纪 40 年代的美国西部淘金潮，当人们疯狂地涌向旧金山挖黄金，最聪明的商人却靠卖铲子发了大财。

2006 年 5 月，当全球股民陷入抛股恐慌中时，巴菲特却悄悄斥资 50 亿美元，买下以色列的伊斯卡金属加工集团 80% 的股权。伊斯卡是世界著名的金属切削刀具与切削技术供应商，当全市场看好原料需求，高价抢进矿业公司时，巴菲特却投资于金属工具的设备生产商，伊斯卡这家公司也是巴菲特创立伯克希尔·哈撒韦后首次并购的海外企业。2006 年 3 月，巴菲特以 2.7 亿美元买进产业龙头通用电气 780 万股，激励通用股价一路走强，创下近 4 年新高。此外，别人眼中一向无利可图的公用事业，在巴菲特眼中却是金母鸡。公用事业在经济成长放缓时是稳定的现金收益来源，同时这些公用事业均为高价的实物资产，也具有抗通货膨胀效果。一般人认为公用事业不起眼，但目前伯克希尔·哈撒韦在保险业之外，最赚钱的事业体就是公用事业。

5分钟摘要

巴菲特的印象与真相

在投资领域中，为何会出现一个专门解读沃伦·巴菲特投资哲学和投资决策的产业现象，我们其实不难理解，因为：

◎巴菲特无疑是史上最成功的投资人，投资绩效长期超越大盘，令人称奇。

◎巴菲特是世界上最富有的人之一，完全靠英明投资致富。

◎巴菲特本人真诚而实在，经常说出朴实却有大智慧的至理名言。

尝试找出巴菲特成功密码的唯一问题是，无法轻易将他归类为任何一类投资人。有时他的确像是价值型投资人，而有时他又比较像成长型投资人；他主张买进并长期持有的投资方式，但是在标的表现不佳时也会痛快脱手；他会有一段时间专买大型股，但之后只锁定中小型股；他会买下具有优异管理团队的企业，但也会投资固定收益证券；他乐于长时间保有巨额的投资准备金，但是之后又会有一阵子交易货币、期货和衍生性金融商品。巴菲特的投资方法并非始终一致，不足以归纳出一套他未曾违背的投资原则，他反而会经常修正和调整投资策略，以应对当时的市场状况。

总而言之，不要想把巴菲特的投资行为简化成一套公式，那是不可能的，如果投资真是如此简单，金融界的面貌会大不相同。反而应该要勇于配合市场状况来规划你的投资策略，向市场学习，并且随环境调整和应变。要想投资成功，与其尝试破解巴菲特所用的某种独门技巧，不如照这么做。现实世界十分复杂，没有任何一套公式化的投资方法能够一体适用，不要去想在纷乱无序的环境中找出秩序。最重要的是，要用有事实根据的真相，取代原本对巴菲特的各种印象。光是这样，应该就足以让你的成功机会大增了。

一　分散投资标的

印象　巴菲特坚信伯克希尔·哈撒韦的投资标的必须分散。

真相　伯克希尔·哈撒韦能够成长为规模庞大的企业，其实归功于在正确的领域集中投资，等到公司规模逐渐庞大之后，才不得不分散投资。

分散投资是投资策略的根本原则，大家都知道“把鸡蛋放在同一个篮子里”是不明智的，而且投资标的愈分散愈好。然而微妙的是，巴菲特大致是按照集中投资的策略，并未靠投资各种不同类别的标的来降低风险，而是凭借其超凡入圣的投资专长和优越的企业分析能力。

换句话说，巴菲特极度信赖常识和理性判断，他发觉分散投资并没有神奇到可以让投资组合保证获利，也不能担保在任何时间和任何一季都能收获优异的绩效。他建议，只要你确实了解自己的选择，那么用 6 只股票组成的投资组合就应该足以达到分散投资的目的。他这么说的意思是，如果你持有 6 只风险因素完全不同的股票，那么这个投资组合的绩效将可以超越反映大盘的指数型基金。要让分散投资发挥效用，并不需要“物尽其用”。

巴菲特在这方面的具体建议有：

◎如果你没有时间或专长去分析企业，或是无法接触到具备相关技能的投资顾问，那么就尽量以指数型基金作为投资工具。

◎即使你一开始是以集中投资的方式累积投资组合的价值，等到财富成长后，你就应该开始在分散投资上花更多心思。这个现象是水到渠成的，所以就让它顺其自然发生吧。

◎分散投资的基本操作方法，就是在你的投资组合中增加和现有标的风险因素不同的股票。

如前所述，只要你了解自己的选择，那么 6 只股票组成的投资组合就应该足以达到分散的效果。

◎不要费脑筋尝试挑选出必赢股票，每次都挑对是不可能的，反而应该多花点时间思考资产配置。要用你考虑该买哪几只股票的同等时间，想清楚要配置多少钱在股票、多少钱在其他资产类别上。如果你真的是长期投资人，一定要在投资组合中有所权衡。

关键思维

我们所采用的策略，让我们无法完全遵循分散投资的基本信念，而许多自命专家的人便因此指摘，这种策略的风险一定比传统型投资人的策略更高。我们并不同意这种看法。因为我们确信，只要集中投资的政策能够让投资人对一家企业更加了解，并且让投资人在买进之前对该只股票的经济特性更放心，这样做就能发挥应有效果，能有效降低风险。在这段说明中我们要引用字典的解释，将风险定义为“遭受损失或伤害的可能性”。

——巴菲特，1993 年致股东公开信

没有一个人能有全胜的投资战绩，即使是巴菲特也一样。巴菲特就像大多数投资人一样，也曾有过非常失败的投资结果。

——瓦罕·简吉恩

二　市场低估的股票

印象　巴菲特只买价值股，也就是价格乘数低的股票。他完全就是价值型投资人。

真相　巴菲特会设法用最优惠的价格买下卓越企业，买进成长股和价值股的意愿一样高。

大部分人都认为，巴菲特漂亮印证了价值型投资的好处。虽然他的确非常善于挑出被市场低估的股票，而且这些往往是价值股而不是成长股，不过巴菲特也证明了，他非常乐意在时机成熟时买进高成长股。

在这方面，巴菲特利用常识判断的投资方法也显而易见。他喜欢买便宜的股票，不论是成长股还是价值股。他是运用现金流量折现法来判断便宜与否，而不是用价格乘数。如果市场上某只股票的内含价值明显高于市值，他就会买进。他操盘的基本逻辑是，长期成功的关键就在于用最优惠价格买进卓越企业的股票。

巴菲特在这方面的建议还有以下几项：

◎专注在价格上，即使你打算长期投资也一样。就股票来说，价格是唯一重要的事，企业是否卓越其实没那么重要。成功的投资人会买便宜的股票。

◎虽然学术界认为市场动态趋近于完美，然而巴菲特见过太多异常状况，他无法相信市场定出的价格永远都很合理。如果你是老练的投资人，你也就能不时见到突然出现的绝佳买点。要做好准备并勇于把握机会。

◎找出被低估个股的唯一最佳方式就是运用现金流量折现法，也就是以每股为单位，评估某家企业未来可望创造出现金流的现值。这种分析方法相当困难，因为必须预测营收增长率、折旧、资本支出、运营资金变动、获利率、利息支出和税金等所有会影响企业经营的因素。巴菲特精于此道，想要效法他，你就必须更懂得计算现金流量折现，这是判断股票是否被低估的唯一系统性方法。

◎想让自己能更熟练运用现金流量折现分析，就要去参考大量研究报告并且观察报告所运用的方法。你要设法判断出分析师的假设是过于积极，还是太过保守。这样你就会逐渐对自己更有自信，相信自己能分析某只股票在目前是否被低估。

关键思维

幸运的是，要进行现金流量折现分析并不容易。之所以说幸运，是因为如果这很容易，那么大家都会去做，而如果大家都去做，那么进行这样的分析就没有任何好处。愿意努力学习做现金流量折现分析的人，会比不愿花心力学习这项技能的人更能享有显著的优势。

——瓦罕·简吉恩

三　长期型投资人

印象　巴菲特是彻底的买入并长期持有型投资人，他买股票是希望永远持有。

真相　伯克希尔·哈撒韦是长期型投资人，因此其投资组合偏重在价值股，这种操作方式的成本效益会比炒短线来得高。

就这点来说，大家的印象是正确的，巴菲特是不折不扣的长期型投资人，因此他往往是购买价值股而非成长股，而长期下来，这些价值股的绩效非常优异。这对其他投资人的启示是：

◎如果你是长期型投资人，你的投资组合要偏重于价值股，远离成长股。许多研究显示，如果持有 10 年，价值股的绩效会超过成长股 3 倍以上。

◎如果你不做长期投资，那么就应该反其道

而行。有一项实际研究显示，股票会呈现出一种动态，在最近一段时间绩效最佳的股票，往往在不久的将来也会持续有良好的表现，反之亦然。这项研究指出，通常这种动态平均会持续 12 个月左右，而具有最大营收爆发力的成长股，会表现出最强劲的成长动能。如果你想在短期内获得爆炸式的报酬，就要锁定展现出强劲动能的成长股。但还是要实际一点，要知道这种策略的风险一定也大得多。

巴菲特坚持长期持有，这意味着他的交易成本和相关税收都减到最低，这显然不是坏事。这也表示他不必花大量时间去追踪每天的市场涨跌，而有较多时间和精力去做他喜欢的事情。如果你想遵循追逐市场起伏的投资方式，就要意识到你将必须更用功，而且还会产生更多成本。

这一点里有个地方相当有趣，那就是伯克希尔·哈撒韦的规模实在太大，使得巴菲特其实没办法投资小型股。即使这些小型股增值，对伯克希尔·哈撒韦来说还是九牛一毛。这表示巴菲特不得已只能从大型股中寻找价廉物美的标的，但这样也有缺点，因为研究显示，小型股的长期绩效往往优于大型股。至少从这方面来说，散户的优势甚至明显优于巴菲特和伯克希尔·哈撒韦。

关键思维

价值股往往会打败成长股，但这仅仅是就长期而言。的确，要成为成功的价值型投资人，你必须拥有像巴菲特一样的耐心。巴菲特不喜欢炒短线，他对快速获利没有兴趣，他也知道价值投资无法让人一夜暴富。如果你想要快速致富，他的这种做法会让你大失所望。要成为成功的价值型投资人，你应该设定至少要持有标的 5 年，最好还能更久。事实上，你愿意等待的时间愈长，价值投资就愈可能为你带来获利。

——瓦罕·简吉恩

巴菲特一向奉行严谨的投资方法，他最为人称道的就是，懂得避开那些到头来只是一时风潮的当红投资方式和策略。

——瓦罕·简吉恩

四 选股专家

印象 巴菲特是优秀的选股专家，从来不会做赔钱的投资。他的思考模式比较像是买公司，而不是买股票。

真相 除非你拥有像伯克希尔·哈撒韦一样的财务实力，否则你最好还是买股票，而不是买公司。巴菲特会犯错，也常常会抛出所选的股票，因此不要以为有人可以不犯错。

有相当多报道指出，巴菲特认为，要不就是选你看好未来会表现良好的公司，要不就是要选未来绩效可望超越其他的股票标的，这是完全正确的。巴菲特在买股票时的想法就像是个企业主，然而他这样做是基于下列几项明显的理由：

◎每当巴菲特决定要买某家公司的股票时，伯克希尔·哈撒韦都拥有十足的实力买进大量股份，所买下的股份也常常足以让伯克希尔·哈撒韦成为该公司的最大股东之一。在这种状况下，巴菲特自然就能影响该公司的未来走向。

◎同样，在该公司股价迅速触底的时候，伯克希尔·哈撒韦很少会出清持股。巴菲特反而会表示，他愿意与管理阶层合作，让公司回归正轨。巴菲特的经营智慧为人称道并受到高度重视，这也让巴菲特对该公司有更大的话语权和影响力。

重点就是，巴菲特所具备的优势是其他资源较少的投资人无法比拟的，这些优势在某种程度上降低了他的风险。对一般的投资人而言，唯一可以稍稍望其项背的就是比伯克希尔·哈撒韦更分散投资。

另外还有一个领域，是伯克希尔·哈撒韦这种大户可占据优势的。伯克希尔·哈撒韦积极投资于上市公司私募案（PIPE）。PIPE 容许大户以私人交易的方式，向上市公司购买股权或可转换公司债券。企业喜欢 PIPE，是因为这样能够节省公开募股的时间和成本，公开募股必须向美国证券交易委员会登记。通常 PIPE 容许普通股以市价的一定折扣出售，以快速取得大量资金。PIPE 对投资人来说通常是非常划算的交易，并且可能有极大的获利空间，但其实只有那些可以立即提供数十亿美元的大型企业才能投资。如果你对 PIPE 的交易有兴趣，你就得投资伯克希尔·哈撒韦或其他有办法进入 PIPE 市场的避险基金。

关键思维

巴菲特一向以投资企业、以企业拥有者自居著称，而不是表面上的简单买进股票，他认为所有投资人都应该这么做。他主要是反对买股票时的短线思维，而大致来说，他这么想是对的。有相当多研究显示，投资人如果过度注重短线，最后往往会对自己造成伤害。举例来说，投资人交易太过频繁，证券公司所赚到的手续费可能比投资人自己赚到的还多。投资人如果经常套现，即使有办法创造优异的税前报酬，所得的税后报酬可能也只是平平。

——瓦罕·简吉恩

五　优异的管理团队

印象　巴菲特寻找要并购的企业时，看重的是优异的管理团队，并认定只要管理团队过关，其他一切都会水到渠成。

真相　巴菲特的确重视优秀的管理团队，因为他并没有兴趣经营他所并购的企业。不管怎样，他还是会努力确保各家公司都能独立自主。

由于伯克希尔·哈撒韦是投资控股公司，因此巴菲特并不想参与他所投资或并购企业的日常运营，而伯克希尔·哈撒韦也没有足够的管理班底来做这些事。巴菲特寻找的是具备杰出管理团队的企业，并且会全力予以支持。

此外，巴菲特有时会轻描淡写地谈论并购案，以致让人以为伯克希尔·哈撒韦在决策之前，并未下多少功夫做研究，这完全是误解。巴菲特对伯克希尔·哈撒韦的并购对象会进行非常谨慎的分析了解，也会埋首详读各项数据，挖掘真实信息。其他投资人可以从中学到的教训其实相当明显，那就是你在决策之前一定要充分研究，有足够的支持理由，不要等到事后你才想办法要挽回颓势。

显然，伯克希尔·哈撒韦是以现金流量稳定的企业为并购标的，然后会参与企业决策，决定如何运用它投入的这笔资金进行再投资。在这方面，巴菲特跟散户有些许不同，散户会把资金配置的问题交由各企业的管理阶层决定，而巴菲特则相反。巴菲特非常善于灵活运用现金，且他会明智而纯熟地运用这项才能，为伯克希尔·哈撒韦创造长久竞争优势。

巴菲特个人非常中意公用事业，虽然这些企业的定价结构大多受到法规管制。伯克希尔·哈撒韦 2006 年的全年净利达 110 亿美元，其中约有 9 亿美元是来自旗下的中美能源控股公司。散户如果在这方面跟紧巴菲特的动向，以公用事业作为投资组合的核心，投资成效可能就会不错。

关键思维

没有投资人能百发百中，这是无法做到的，巴菲特自己也会对手中股票的抛出时机犹豫不决，他也常常把他的获利股票抱持太久了。但是他拥有稳健、持续的方法——即使会随时间修正——使自己实现惊人的成就。幸运的是，要在股市获得高额报酬，你并不需要变成巴菲特。复利的神奇功效使任何谨慎的投资人都能收获实在的长期成果。

——史蒂夫·福布斯

《福布斯》杂志总编辑

巴菲特的想法有时不同于常理，譬如大多数投资人都乐于看到自己买的股票飙涨，但是巴菲特不会。他说，只有在准备要脱手的时候，才应该希望股价上涨。因为巴菲特是长期投资人，所以并不希望看到股价马上飙涨。事实上，如果他真的看中某只股票，他反而在股价下滑的时候比较高兴，因为他可以用更低的价格买进更多股份，降低自己的持股成本。这样，在股价最后回升的时候，他就能坐享巨额收益，而这种思考模式也造成目前伯克希尔·哈撒韦尚有高额未实现的资本收益。

——瓦军·简吉恩

六　并购公式

印象　巴菲特已经发展出完备的并购公式，所并购的每家公司都表现优异。

真相　巴菲特让公司化腐朽为神奇的表现优异，但是他也是个现实主义者。如果并购案不如预期，他也会坦然接受，解套出场。

从这方面再次看出巴菲特的行为和大众所认知的不同，大多数投资人认定巴菲特从不卖股票，并且会永远持有子公司的股权，这是不正确的。举例来说，伯克希尔·哈撒韦的投资组合中曾短暂出现过花旗集团、杜克能源、家电零售商百思买、连锁服饰零售商 Gap 和中国石油天然气公司的股票。显然如果某项投资不再合理，那么最好就要出清，而不是永远被这种不利状况套牢。

有些例外状况是，其实巴菲特有时会和经营困难的公司合作，设法让公司转危为安，但有些公司他则会快速杀出。具体来说：

◎当伯克希尔·哈撒韦同意花 7 亿美元购买所罗门投资银行的股票时，巴菲特取得了其一席董事地位。在 1991 年时，所罗门有位交易员无视美国财政部的政府公债市场法规，超过规定上限竞标国债，结果东窗事发，该公司因而任命巴菲特出任 CEO。巴菲特在 1992 年卸任，而所罗门公司在约 5 年后由旅行者集团收购，这意味着伯克希尔·哈撒韦在大约 10 年间，赚得当初投注资金 2.5 倍的收益。

◎伯克希尔·哈撒韦在 1998 年用 220 亿美元买下通用再保险公司，这次并购出师不利，因为当时该公司被发现用价格过低的保单抢生意。当恐怖分子在 2001 年 9 月 11 日攻击美国的时候，通用再保险公司必须为大约 19 亿美元的损失承担理赔责任。事实上，经此一劫，该公司一直到 2006 年才恢复稳固的获利能力。

◎伯克希尔·哈撒韦在 1998 年用 7.25 亿美元买下出售飞机部分所有权的 NetJets 公司，该公司接着开始进行推广欧洲业务的活动，结果却耗费了超出预期的支出和时间。NetJets 在 2005 年的税前亏损有 8000 万美元，当时该公司一路跌跌撞撞，勉强能让运营顺畅，但是伯克希尔·哈撒韦仍旧抱持其股。

◎巴菲特在 2004 年用 1.5 亿美元买下家具零售商 Pier 1 Imports 的 800 万股。这桩交易看来是个不幸的巧合，紧接着，Pier 1 Imports 经营状况恶化、业绩下跌，造成了 3980 万美元的亏损。巴菲特并没有协商改善跟这家公司的合作，而是开始脱手伯克希尔·哈撒韦所持有的 Pier 1 Imports 股票，这给伯克希尔·哈撒韦造成了 2000 万美元的损失。

虽然巴菲特让公司化腐朽为神奇的表现优异，但有时还是会卖掉持股，而不是一直在不良标的上虚掷重金。以为巴菲特只会买进、从不卖出股票的想法是错误的，有时候他会帮助陷入困境的公司向前迈进，而有时他则会发觉自己犯了错误并想赶快脱身。在投资实务中，并没有一体适用的铁律。

七　董事独立性

印象　巴菲特是股东权益的积极捍卫者，会谴责经营不善的公司。

真相　巴菲特不会真的把董事独立性纳入决策考量。他会买下由品格优良的人所经营的企业，并相信他们会为所当为。

由于巴菲特毫不避讳地展露出他对明星CEO薪酬条件过分优厚的不满，这往往使投资人认为巴菲特会积极捍卫股东权益，也认定伯克希尔·哈撒韦一定是典型的股东导向企业。就这点而言，大众的认知其实有相当程度的偏误。

伯克希尔·哈撒韦在董事会独立性和接班人培养计划方面，尤其有很多不尽完美之处：

◎在伯克希尔·哈撒韦的历史中，董事会几乎根本没有所谓的独立性可言。就算是到了2002

年，伯克希尔·哈撒韦的董事会还是由以下董事组成：

·巴菲特本人，董事长兼CEO。

·苏珊·巴菲特，巴菲特的妻子。

·霍华德·巴菲特，巴菲特的儿子。

·查理·芒格，副董事长。

·罗纳德·奥尔森，伯克希尔·哈撒韦法律事务所合伙人。

·小沃尔特·斯科特，Level 3 通信公司董事长。

·马尔科姆·蔡斯，BankRI 银行董事长。

一直到 2003 年，纽约证券交易所规定独立董事必须占董事会多数时，伯克希尔·哈撒韦才将董事名额增加到 11 人，借以宣称公司拥有独立的董事会。

◎同样，在伯克希尔·哈撒韦的历史中，培养接班人的计划也几乎不存在，这会是个隐忧，因为巴菲特是金融圈的巨星，凭巴菲特一己之力就为美国创造了很多百万富翁。找出像巴菲特一样具有高度道德水准和投资天分的人才来领导公司，在伯克希尔·哈撒韦的历史中一向被列为是难以达成的任务，这种做法在巴菲特还健朗的情况下还说得过去，但是在巴菲特迈入 80 高龄起，谁能成为下一个巴菲特的问题就变得有点急迫。同样，也是等到纽约证交所在 2003 年公布对上市公司的新规范之后，伯克希尔·哈撒韦才正式建立了选择接班人的指导方针。在 2005 年，伯克希尔·哈撒韦公布将分别指派新任 CEO 和首席投资官来接替巴菲特，CEO 负责运营决策，而首席投资官则掌管伯克希尔·哈撒韦的投资决策。

关键思维

投资人一般都相信，巴菲特是股东权益的积极捍卫者，毕竟他曾严厉批判那些看来只想让自己更富有、却无心为股东权益尽最大努力的

CEO 等高层经理人。虽然没有人有合理根据来指控巴菲特也是只图己利的经理人，但是批评者还是指摘伯克希尔·哈撒韦的公司治理和接班人计划，到目前仍然有很多不尽完美之处。公司治理的专家也指出，CEO 和董事长的角色应该明确区分。

——瓦罕·简吉恩

八　股票选择权

印象　巴菲特痛恨股票选择权，并认为薪酬高得离谱的明星 CEO 是个大问题。

真相　巴菲特的确毫不留情地批评薪酬过高的 CEO，然而他也确实认为，只要妥善规划并对外公开，股票选择权是一种适当的薪酬支付工具。

股票选择权在近来股市大涨期间遭企业高层经理人滥用，这可以说是不争的事实。在当时，企业发行价值数千万美元股票选择权的情形司空见惯，更严重的是，很多企业愿意在股价下跌的时候取消现有的选择权，再用行使价格远低于原有价格的股票选择权来取代，而很多企业谎报授予日期和严重回溯选择权生效日期，也已经是众所周知的情形。

发生这么多滥用的状况，是因为企业在发行股票时，未被要求将选择权在损益表上列为费用，取而代之的是要求企业将所发行选择权的估计价值仅列为财务报表的备注事项。巴菲特认为这是个严重的问题，并积极采取行动去让立法者相信，选择权就是一种给付薪酬的方式，而薪酬就是费用，因此应该在计算盈利时列入考虑。由于巴菲特毫不留情地批判这个问题，让大家以为他个人反对使用股票选择权。大多数人也注意到他自己从来没有接受过伯克希尔·哈撒韦提供的选择权，所以大家都认定他彻底反对选择权。

然而实际情况其实有点出入，巴菲特认为只要妥善规划，选择权是支付奖励性薪酬的适当方式。他的意思是：

◎发行选择权应采取浮动的行使价格，可定期调整以反映留存收益的变化。巴菲特注意到，如果行使价格固定，牛市时，高层经理人光是坐在他的位置上就能得到奖励。浮动的行使价格能够依据高层经理人所创造的价值给予适当奖励。

◎对行使选择权所取得股份的转手行为应予以适当限制。这样能够确保经理人有心从企业主的角度思考，但是也会引发纳税时机等问题。巴菲特建议美国国税局应该延后企业的纳税时机，等到股票实际出售时才纳税，而不是在行使选择权的时候。

◎企业在发行选择权时，应该将其在当期的损益表里列为费用。

在上述建议之中，法规已经强制规定企业必须于发行选择权时将其列为损益表费用。虽然这项措施明显减少了这种薪酬给付方式的滥用，但同时也对新创企业形成了新的挑战。大型企业能够轻易在损益表上吸收掉这些费用，小型企业却发现这项措施让它们的财务报表非常难看。这项措施到底是好还是坏，还有待观察。

九　纳税激进分子

印象　巴菲特是个纳税激进分子，他经常呼吁调高税收，尽管这对他的冲击最大也毫不在意。

真相　这点完全正确，巴菲特认为高税收是有益的，而且遗产税也反映出，是国家首先造就了美国人民的富裕。

巴菲特是立场鲜明而公开的自由派，他支持调高税收，也坚决认为高收入者应该缴更多的税。巴菲特呼吁应调高所得税，调升累进税率，并增加个人在过世时应缴纳的遗产税额。

光是在 2006 年，伯克希尔·哈撒韦就缴纳了 44 亿美元的联邦税，巴菲特对此非常自豪，并指出税金是用以建立社会基础设施，支付军警薪资，以及支持教育、道路交通和社会福利的费用保障。巴菲特对他的公司为政府带来这么多税收感到骄傲，并公开发言表示，高资产净值的人士和企业都应该缴纳更多税金，而不是更少。

巴菲特也非常热切地支持保留遗产税，这可能是因为巴菲特经常把他的成功归因于运气。他在很多场合表示，自己何其有幸能出生在高度重视资产配置这项才能的时代。或许正因为如此，他觉得在他过世时把高额财富缴纳给政府是非常公平的事。

然而有些矛盾的是，巴菲特已经在钻现行税法中最明显的空子，他并没有安排将他过世后的财产留给政府，反而承诺要捐出 310 亿美元给比尔与梅琳达·盖茨基金会，另外捐 60 亿美元给他子女负责管理的基金会。我们只能推测，巴菲特认为这些基金会比政府更能明智地运用他的资金。

关键思维

包括巴菲特在内的许多超级富豪都支持遗产税，但是他们还是继续利用法律漏洞，在过世前将资金移转给他人来避税。我们应该如何解释这种矛盾的现象？答案可能就在于罪恶感和利他主义之间。他们可能对自己拥有这么多财富觉得有罪恶感，却又不相信政府能睿智地运用这些财富。但正如保守派所言，少了遗产税制度也不会有所不同。有罪恶感的人大可把钱给任何他们想给的人，即使是政府也无所谓，但是他们不应该逼迫其他人跟他们一样。

——瓦罕·简吉恩

巴菲特最伟大的特质之一就是了解自己的局限在哪里。譬如，他知道自己不可能成为所有产业的专家，不过保险业是一个他了解透彻的产业。他培养出评估风险的独门技巧，也想出该如何运用保费缔造充分的投资报酬率，一方面足以支付未来理赔所需，一方面还能有丰厚盈利分享给股东。

——瓦罕·简吉恩

十 盈利预测

印象 巴菲特批判盈利预测，并鼓励企业不要发布。

真相 这点也是事实，巴菲特认为盈利预测会鼓励短线思维，经理人会开始管理盈利预期，而不再管理公司。

巴菲特对市场让企业每季提供盈利预测的要求提出批判，并鼓励伯克希尔·哈撒韦占主要股份的各家企业，包括可口可乐、华盛顿邮报和吉列等，不再给市场提供盈利预测作参考。

巴菲特不鼓励提供盈利预测，是基于下列理由：

◎他认为盈利预测会变相鼓励经理人和投资人都把焦点放在短期获利而非长期绩效上。

◎他认为想看盈利预测的人，通常是分析师

和机构投资人，而非散户。

◎企业提供盈利预测，会明显鼓励经理人去管理盈利，而不是管理企业。他们会认为压力在于要实现预测数字，而不是去采取对公司有利的做法。

◎如果企业不提供盈利预测，那么伴随着企业发表盈利预测而来的股价剧烈波动，通常就会消失无踪。

◎过去只有机构和专业投资人会受邀参与发布盈利预测的电话会议，目前则是有美国证券交易委员会公平揭露规则的保障，这表示一般人都能公平、即时地接触到这些资讯，然而有时还是会有某些有特权的投资人可以抢先获得信息。

平心而论，巴菲特其实不是不让投资人获得信息。他建议企业，与其提供盈利预测，不如提供投资人更多公司运营的细节。巴菲特认为，如果投资人能够更了解相关产业中重要的关键指标和公司的长期策略，对他们来说会更有帮助。

巴菲特等反对盈利预测的人无疑认为，自己是为了投资人的权益着想，最困扰他们的部分，似乎是常常伴随盈利预测而来的股价剧烈波动。举例来说，一家企业只差几美分就可以达成市场的盈利预测，却因此造成股价下跌好几美元，这是司空见惯的事。偏重长期绩效而反对盈利预测的人士指出，上述反应相当荒谬。就这点来说，他们可能是正确的，但是这些人并没有把他们认为显然不理性的抛售行为视为逢低买进的大好时机，反而是想要靠取消盈利预测来避免股价波动。然而并没有充分的理由能够让人相信，取消盈利预测就能使股价波动降低，倒不如取消每季的营收报告更为有效，可是却没有人认真提出这个议题。

十一　巴菲特策略面面观

巴菲特是他所处时代中的传奇，他可以说是史上最伟大的投资人，可能也是媒体关注和描写最多的对象。如果在亚马逊网络书店的“书籍”类别中搜索“沃伦·巴菲特”，会出现至少 2800 则搜索结果，其中至少有 100 本书的书名包含“巴菲特”三个字，显然投资人非常迷恋巴菲特。

巴菲特的知名度实在太高，以至于难免会从他身上衍生出一些迷思。以下概述几项我们对巴菲特的了解，借以修正大家对他的错误印象：

◎许多巴菲特迷认为，他的投资风格坚定不移，也就是说他有一套简单原则，而且从来不背离。这种说法过于简单，他的投资风格和策略会时时应市场变化而改变，除了 3 件不变的事情（如下图所示）之外，其他都会经常修正。

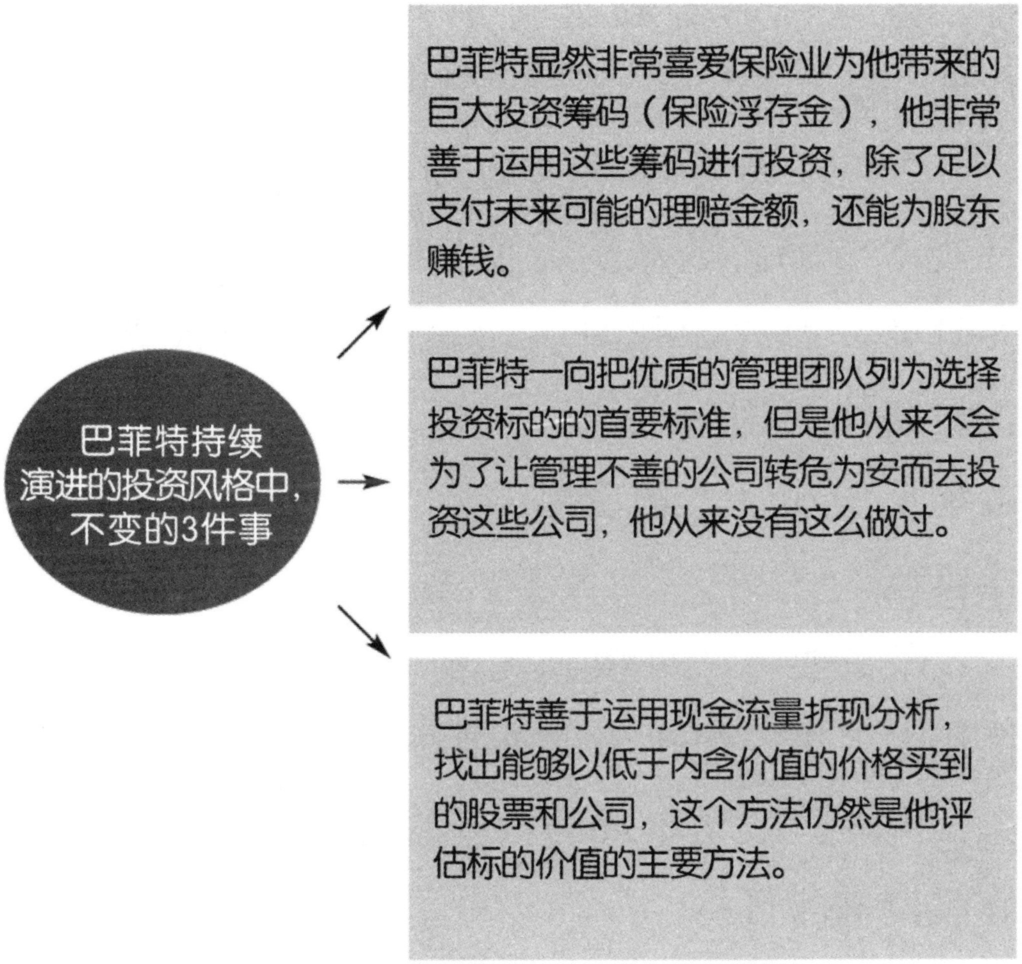

◎巴菲特热衷于向市场学习，他一直不断学习新事物，并且不怕检验所得的新见解，投资人应该仿效这种做法。

◎巴菲特具有很高的职业道德标准，认为股东权益永远要摆在第一位。只要能让股东变得富有，他对优秀经理人赚取高额报酬完全没有意见。

◎巴菲特并不认为市场如专家所说，永远是效率市场。他认为，明智的投资人只要下功夫研究，严守纪律只买价值被低估的股票，并且长期持有这些股票，最后绩效通常都能优于市场平均水平。巴菲特自己就是这个现象的最佳典范。

◎只要不“分散到无限”，巴菲特相信分散投资的效果。他建议，只要你确实了解自己的选择，由 6 只股票组成的投资组合应该就足以达到分散投资的目的。

◎巴菲特指出，动量投资法是可行、完全合理并有获利潜力的投资方式。尤其是和那些完全不具成长动量的股票相比较，具有强劲价格和盈利动量的成长股，比较可能在未来 6 个月到 18 个月之中缔造出良好绩效。如果你选择依循动量投资策略，记得要尽量压低你的交易成本。

◎巴菲特非常乐于运用散户根本无力采用的投资策略，具体来说，他会采取下列做法：

·代表伯克希尔·哈撒韦并购企业。

·买下大量持股并进入董事会。

·力促更换绩效不佳的经理人。

·利用 PIPE，也就是上市公司私募案。

◎巴菲特是纯粹的长期投资人，如果他所投资的企业遭遇困境，他比较可能卷起袖子帮助那家企业奋力由黑翻红，而不是认赔杀出（前提是他认为有必要）。过去他也曾在标的一出现异样的时候就脱手，但大体而言，他比较倾向于努力化腐朽为神奇，而不是仓皇撤退。简单来说，巴菲特是理想型的长期投资人。

◎巴菲特是每家企业梦寐以求的 CEO，他具有高道德水准、为人朴实，而且有办法把复杂的交易简单化，也能让所有人都认识到完善公司管理的重要性，这些都是好事，这得益于泰科电子、安然、世界通讯、阿德菲亚有线电视等十几家“名留青史”企业的切身体验。投资人得到的教训是，在自己考虑要投资任何企业（不论是否上市）之前，要先停下来确认这家公司的管理是否稳健，而且是否确实奉行合理的公司治理实务。

◎跟一般看法相对的是，巴菲特并不反对股票选择权，甚至曾公开表示，他认为在他继任者的薪酬条件中，股票选择权将是主要的项目，然而他自己也曾强烈而公开地反对企业滥用选择权来支付高层经理人的薪酬。许多滥用的问题出现在公司财务报表对选择权的处理方式上，巴菲特不认为选择权基本上是免费的，而是觉得应该规定公司在发行选择权时就要将其列为财务报表费用，并不是等到行使选择权的时候，然而这个论点有些问题。在选择权真正被行使之前，发行选择权股票的公司是不会产生任何费用的。选择权的价格到底应该依照授予时的股价，还是按照行使时的股价来计算？

财务会计原则和税务会计原则对此有不同的处理方式，而且没有明显的方法可以整合这两种观点。巴菲特坚信，有利于大型企业的做法，是处理这个议题的最佳办法。

◎不论股票选择权在损益表上如何显示，巴菲特都相当坚持用选择权奖励高层经理人时，应该基于他们确实为股东创造了价值，而不是因为他们的运气好，刚好在牛市的时候坐上了那个位子。如果你考虑要投资的公司刚刚以每股几美分的价格大量发行股票选择权给高层经理人，那么这正是巴菲特最在意的警告。他会建议你，在这种情况下要非常非常小心。

◎巴菲特一直积极支持让大家缴纳更多税金，他大力支持遗产税，并且明确地对继承人表示，他们将不会从他那里继承到太多遗产。巴菲特相信，遗留巨额财富只会让后代变成一事无成的纨绔子弟，只会消耗社会资源而毫无贡献。他建议有钱人应该未雨绸缪，要不就是购买遗产税保险，要不就像他一样，在过世之前给慈善基金会捐赠大量财富。这样做虽然非常慷慨，但是却也让他公开支持的政府拿不到他一毛钱。

◎巴菲特也支持针对投资所得征收更多税金，这种说法忽略了股息会遭到重复纳税的问题：企业在支付股息前就已经缴付了税金，之后投资人在获得股息时又再次被征税。巴菲特曾主张，降低投资所得税只会造福那些经济状况良好、有闲置资金可以投资的人。然而显而易见的事实是，降低投资所得税对社会大众都有利，因为能够刺激经济成长、增加工作机会，最后也因此增加了联邦的税收。

◎巴菲特直言不讳地鼓励企业不再发布盈利预测，并认为提供预测只会让人更加短视，并增加市场波动。他认为最好要以长远的眼光来经营企业，不要只是想达成本季的财测数字，这点大家都同意，但这是先有鸡还是先有蛋的无解习题，你很难判断孰轻孰重。难道只要企业不再提供盈利预测，从此投资人就不会有所期待？这似乎不太可能，因为这违反了人性。

是否提供盈利预测完全由企业自行决定，而预测对投资人来说是有参考价值的资讯。部分公司会提供盈利预测，其他像伯克希尔·哈撒韦等企业则选择不提供。这并不表示要避开这些不提供盈利预测的企业，提供与否只不过是购买股票时又一项要考虑的因素而已。

巴菲特的确是世界上最伟大的投资人，他所累积的成就也是史上无人可以匹敌的，然而他的投资方法未必就是在股市获利的唯一办法。

与其设法仿照巴菲特的所有做法，不如提升自己的投资专业能力，直到你能解释清楚巴菲特在特定时刻运用特定投资方法的原因为止。我们可以从巴菲特的策略中来寻求线索，但是不要奢望他能够提供一套放诸四海皆准的范本。

事实上，在你能够回答下列问题之前，先不

要贸然投入股市：

分散投资	什么情况下可以降低你的投资风险，什么情况下又会限制你的潜在获利？
股票价值	价值股和低估的股票有什么不同？
资金配置	何时应该让投资组合偏重价值股，何时又该偏重成长股？
动量投资	什么时候适合运用动量投资法？
投资失利	该如何处理失误的投资，是要接受它、把它烙印在脑海里，还是要忽略它、继续投资？
内含价值	你能不能对一家公司进行清晰严密的现金流量折现分析？

关键思维

有位田径教练曾对他最好的队员说："想要跑得更快，就要和跑得比你快的人一起训练。"同样，若要擅长投资，向最优秀的人学习会有帮助，而很难找到比巴菲特更优秀的投资人了。不过坏消息是，你不能突然出现在他位于奥马哈的办公室，对他说你准备要拜师学艺。好消息是，研究他的技巧便可以让你学到很多投资的窍门，让你更善于投资。研究巴菲特，可以让你了解在大多数情况下，哪些方法有用、哪些没用。尽可能学会巴菲特的策略，那么不管你的投资期是长还是短，都一定能够获得带来最大成功机会的必要资讯。用心研究巴菲特，并留意这么做所带来的启示，成功的投资机会一定会站在你这边。

——瓦罕·简吉恩